MOJA MALA LIMENA KUHARICA

Od malih kolača do ukusnih torti, istražite 100 primamljivih poslastica izravno iz vaše pećnice

Lara Jurić

Materijal autorskih prava ©2024

Sva prava pridržana

Nijedan dio ove knjige ne smije se koristiti ili prenositi u bilo kojem obliku ili na bilo koji način bez odgovarajućeg pisanog pristanka izdavača i vlasnika autorskih prava, osim kratkih citata korištenih u recenziji. Ovu knjigu ne treba smatrati zamjenom za medicinske, pravne ili druge stručne savjete.

SADRŽAJ

SADRŽAJ	3
UVOD	6
MINI ŠTRUCE	**7**
1. Mini štruce s limunom i makom	8
2. Mini kruh od banana i orašastih plodova	10
3. Mini čokoladne štruce kruha s tikvicama	12
4. Mini štruce s jabukom i cimetom	14
5. Mini kolačići od mrkve	16
6. Mini kruh od bundeve	18
MINI PITE	**20**
7. Mini pite od jabuka	21
8. Mini pite od bundeve	23
9. Mini pite od trešanja	25
10. Mini pite od borovnica	27
11. Mini ključne pite s limetom	29
12. Mini čokoladne krem pite	31
MINI KOLAČI	**33**
13. Mini Victoria biskvit kolač	34
14. Mini torta prelivena limunom	36
15. Mini čokoladni ekleri	38
16. Mini kolač od oraha od kave	40
17. Mini kolačići za poslijepodnevni čaj	42
18. Mini kolač od mrkve	45
19. Mini Crveni barovišunkolači	47
20. Prstenasta torta s kremom i éclairs	50
MINI TARTS	**53**
21. Mini kolačići od miješanog bobičastog voća	54
22. Mini kolačići od čokolade i kikiriki maslaca	56
23. Mini voćni kolačići	58
24. Mini tartlete s limunom	60
25. Mini čokoladne ganache tartlete	62
26. Mini tartlete s malinom i bademom	64
27. Mini slani quiche Lorraine tartlete	67
TORTA TATA I KUGLICE	**70**
28. Funfetti Confetti Torta Tata	71
29. Klasični kolačići od vanilije	74
30. Kuglice za tortu od čokolade	77
31. Torta s limunom i malinom	80

32. Kuglice za tortu od crvenog barovišuna i sira 83
33. Kolačići i kreme za kolače 86
34. Kuglice za tortu od slane karamele 89
35. Kuglice za tortu od sira od jagoda 92

MINI SENDVIČI 95
36. Mini Caprese sendviči 96
37. Mini sendviči sa salatom od piletine 98
38. Mini sendviči s puretinom i brusnicama 100
39. Mini slajderi sa šunkom i sirom 102
40. Mini Veggie Club sendviči 104

KOLAČIĆI 106
41. Kolačići od pereca i karamele 107
42. Kolačić od konoplje 109
43. Torta Mix Sendvič kolačići 111
44. S granolom i čokoladom 113
45. Kutija za kolače Šećerni kolačići 115
46. Njemački kolačići u kutiji za kolače 117

KREMNJAČICE 119
47. Koktel krem puffs 120
48. Puffs od maline 122
49. Pufne s kremom od lješnjaka i tostiranog bijelog sljeza 124
50. Krem pufne od jagoda 128
51. Limun Skuta Krema Puffs 131
52. Praline od lješnjaka 133
53. Puffs od borovnice 135
54. Puffs od kokosove kreme 137
55. Espresso umak s vrhnjem 139
56. Chai Krema Puffs 142
57. Pufnice s kremom od badema 145

EKLERI 147
58. Mini čokoladni ekleri 148
59. Kolačići i kremni ekleri 151
60. Eclairs od čokolade i lješnjaka 154
61. naranča Ekleri 157
62. Ekleri od marakuje 160
63. Éclairs od cjelovitog zrna pšenice 163
64. Ekleri od marakuje i malina 166
65. Cappuccino éclairs 170
66. Eclairs od pistacija i limuna 172
67. glazirani od javora preliveni orasima 177

KROASANI 180
68. Mini kroasani s bademima 181
69. Kroasani s ružičastom ružom i pistacijama 183

70. Medeni kroasani od lavande 187
71. Kroasani s laticama ruže 189
72. Kroasani s cvijetom naranče 191
73. Kroasani od hibiskusa 193
74. Kroasani od borovnice 195
75. Kroasani s malinama 197
76. Kroasani od breskve 199
77. Kroasani od miješanog bobičastog voća 201
78. Kroasani od brusnice i naranče 203
79. Kroasani od ananasa 205
80. Kroasani od šljiva 207
81. Ekleri od banane kroasani 209

CUPCEKES & MUFFINI 211

82. Limun y Mješavina za kolače 212
83. Čokoladni karamel kolačići 214
84. Mud Pie Cuptortas 216
85. Mješavina za kolače Bundeva Muffins 218
86. Mješavina za kolače Praline Cuptortas 220
87. Piña Colada & Cuptortas 222
88. Trešnja Cola mini kolači 224
89. Crveni barovišunCuptortas 226
90. kolačići od pite od jabuka 228
91. Moćan Miš kolačići 230

ŠETKE I KVADRATNICI 232

92. Šahovske šipke 233
93. maline i čokolade 235
94. Mješavina za kolače Trešnja Baroviovi 237
95. Čokoladni slojeviti kolač 239
96. Potluck baroviovi 241
97. Prst od maslacaCookie Baroviovi 243
98. Kutija za tortu Baroviovi 245
99. Natopljeni maslac od kikirikija Trgovi 247
100. Karamel orah pločice 249

ZAKLJUČAK 251

UVOD

Zakoračite u slatki i preslatki svijet pečenja s "Mojom malom kuharicom kalupa za torte: od malih kolača do ukusnih torti, istražite 100 primamljivih poslastica izravno iz vaše pećnice." Pečenje nije samo kulinarska umjetnost; to je čarobno putovanje ispunjeno toplinom, mirisom i obećanjem divnog uživanja. U ovoj kuharici pozivamo vas da se upustite u avanturu punu okusa dok mi istražujemo divan niz od 100 neodoljivih poslastica, ispečenih do savršenstva u vašem pouzdanom kalupu za kolače.

Od dekadentnih mini kolača ukrašenih vrtlozima glazure do elegantnih torti prepunih sezonskog voća, svaki recept u ovoj kuharici osmišljen je kako bi zapalio vašu strast za pečenjem i zadovoljio vašu želju za slatkim. Bilo da ste iskusni pekar ili entuzijast početnik, na ovim ćete stranicama pronaći inspiraciju, smjernice i radost. Uz jasne upute, korisne savjete i zadivljujuću fotografiju, osjećat ćete se samopouzdano dok mutite, savijate i pečete svoj put do kulinarskog blaženstva.

Skromni kalup za torte služi kao platno za naše kulinarske kreacije, nudeći beskrajne mogućnosti za eksperimentiranje i kreativnost. Bilo da pečete za posebnu prigodu, ugodno okupljanje ili jednostavno želite zadovoljiti želju za slatkim, postoji poslastica za svaki ukus i svaki trenutak. Dakle, zagrijte svoju pećnicu, prikupite svoje sastojke i zaronimo u očaravajući svijet pečenja s "Mojom malom kuharicom kalupa za torte" kao našim vodičem.

MINI ŠTRUCE

1. Mini štruce s limunom i makom

SASTOJCI:
- 1 šalica višenamjenskog brašna
- 1/2 žličice praška za pecivo
- 1/4 žličice sode bikarbone
- 1/4 žličice soli
- 1 žlica maka
- 1/2 šalice neslanog maslaca, omekšalog
- 3/4 šalice granuliranog šećera
- 2 velika jaja
- 1 žlica limunove korice
- 1/4 šalice svježeg soka od limuna
- 1/4 šalice mlaćenice
- 1/2 žličice ekstrakta vanilije

UPUTE:
a) Zagrijte pećnicu na 350°F (175°C). Namastite i pobrašnite kalupe za male kruhove.
b) U srednjoj zdjeli pomiješajte brašno, prašak za pecivo, sodu bikarbonu, sol i mak.
c) U velikoj zdjeli miksajte maslac i granulirani šećer dok ne postanu svijetli i pjenasti.
d) Umutite jaja, jedno po jedno, zatim umiješajte limunovu koricu, limunov sok, mlaćenicu i ekstrakt vanilije.
e) Postupno dodajte suhe sastojke u mokre sastojke, miksajući dok se ne sjedine.
f) Tijesto ravnomjerno rasporedite po pripremljenim kalupima za male štruce.
g) Pecite u prethodno zagrijanoj pećnici 20-25 minuta, ili dok čačkalica zabodena u sredinu ne izađe čista.
h) Ostavite štruce da se ohlade u posudama 10 minuta, zatim ih prebacite na rešetku da se potpuno ohlade.

2. Mini kruh od banana i orašastih plodova

SASTOJCI:
- 1 1/2 šalice višenamjenskog brašna
- 1 žličica sode bikarbone
- 1/4 žličice soli
- 1/2 šalice neslanog maslaca, omekšalog
- 1/2 šalice granuliranog šećera
- 2 velika jaja
- 1 žličica ekstrakta vanilije
- 3 zrele banane, zgnječene
- 1/2 šalice nasjeckanih oraha ili pekan oraha

UPUTE:
a) Zagrijte pećnicu na 350°F (175°C). Namastite i pobrašnite kalupe za male kruhove.
b) U srednjoj posudi pomiješajte brašno, sodu bikarbonu i sol.
c) U velikoj zdjeli miksajte maslac i granulirani šećer dok ne postanu svijetli i pjenasti.
d) Umutite jaja, jedno po jedno, zatim umiješajte ekstrakt vanilije i zgnječene banane.
e) Postupno dodajte suhe sastojke u mokre sastojke, miksajući dok se ne sjedine.
f) Ubacite nasjeckane orahe.
g) Tijesto ravnomjerno rasporedite po pripremljenim kalupima za male štruce.
h) Pecite u prethodno zagrijanoj pećnici 25-30 minuta, ili dok čačkalica zabodena u sredinu ne izađe čista.
i) Ostavite štruce da se ohlade u posudama 10 minuta, zatim ih prebacite na rešetku da se potpuno ohlade.

3. Mini čokoladne štruce kruha s tikvicama

SASTOJCI:
- 1 šalica višenamjenskog brašna
- 1/4 šalice nezaslađenog kakaa u prahu
- 1/2 žličice sode bikarbone
- 1/4 žličice praška za pecivo
- 1/4 žličice soli
- 1/2 šalice granuliranog šećera
- 1/4 šalice smeđeg šećera
- 1/4 šalice biljnog ulja
- 1 veliko jaje
- 1 žličica ekstrakta vanilije
- 1 šalica naribanih tikvica, ocijeđenih da uklone višak vlage
- 1/2 šalice poluslatkih komadića čokolade

UPUTE:
a) Zagrijte pećnicu na 350°F (175°C). Namastite i pobrašnite kalupe za male kruhove.
b) U srednjoj zdjeli pomiješajte brašno, kakao prah, sodu bikarbonu, prašak za pecivo i sol.
c) U velikoj zdjeli pomiješajte granulirani šećer, smeđi šećer, biljno ulje, jaje i ekstrakt vanilije dok se dobro ne sjedine.
d) Postupno dodajte suhe sastojke u mokre sastojke, miksajući dok se ne sjedine.
e) Ubacite naribane tikvice i komadiće čokolade.
f) Tijesto ravnomjerno rasporedite po pripremljenim kalupima za male štruce.
g) Pecite u prethodno zagrijanoj pećnici 25-30 minuta, ili dok čačkalica zabodena u sredinu ne izađe čista.
h) Ostavite štruce da se ohlade u posudama 10 minuta, zatim ih prebacite na rešetku da se potpuno ohlade.

4.Mini štruce s jabukom i cimetom

SASTOJCI:
- 1 šalica višenamjenskog brašna
- 1/2 žličice praška za pecivo
- 1/4 žličice sode bikarbone
- 1/4 žličice soli
- 1 žličica mljevenog cimeta
- 1/4 šalice neslanog maslaca, otopljenog
- 1/2 šalice pakiranog smeđeg šećera
- 1 veliko jaje
- 1/2 šalice nezaslađenog umaka od jabuka
- 1/2 žličice ekstrakta vanilije
- 1/2 šalice jabuka narezanih na kockice (oguljene i bez koštice)
- Po želji: nasjeckani orasi ili grožđice

UPUTE:
a) Zagrijte pećnicu na 350°F (175°C). Namastite i pobrašnite kalupe za male kruhove.
b) U srednjoj posudi pomiješajte brašno, prašak za pecivo, sodu bikarbonu, sol i mljeveni cimet.
c) U velikoj zdjeli pjenasto izmiksajte otopljeni maslac i smeđi šećer dok smjesa ne postane glatka. Dodajte jaje, umak od jabuke i ekstrakt vanilije i miješajte dok se dobro ne sjedini.
d) Postupno dodajte suhe sastojke u mokre sastojke, miksajući dok se ne sjedine.
e) Ubacite jabuke narezane na kockice i po želji nasjeckane orahe ili grožđice.
f) Tijesto ravnomjerno rasporedite po pripremljenim kalupima za male štruce.
g) Pecite u prethodno zagrijanoj pećnici 20-25 minuta, ili dok čačkalica zabodena u sredinu ne izađe čista.
h) Ostavite štruce da se ohlade u posudama 10 minuta, zatim ih prebacite na rešetku da se potpuno ohlade.

5. Mini kolačići od mrkve

SASTOJCI:
- 1 šalica višenamjenskog brašna
- 1/2 žličice praška za pecivo
- 1/2 žličice sode bikarbone
- 1/4 žličice soli
- 1 žličica mljevenog cimeta
- 1/2 šalice granuliranog šećera
- 1/4 šalice biljnog ulja
- 1 veliko jaje
- 1/2 žličice ekstrakta vanilije
- 1 šalica sitno naribane mrkve
- 1/4 šalice zdrobljenog ananasa, ocijeđenog
- 1/4 šalice nasjeckanih orašastih plodova (orasi ili pekan orasi)
- Glazura od krem sira (po želji)

UPUTE:
a) Zagrijte pećnicu na 350°F (175°C). Namastite i pobrašnite kalupe za male kruhove.
b) U srednjoj posudi pomiješajte brašno, prašak za pecivo, sodu bikarbonu, sol i mljeveni cimet.
c) U velikoj zdjeli pomiješajte granulirani šećer, biljno ulje, jaje i ekstrakt vanilije dok se dobro ne sjedine.
d) Postupno dodajte suhe sastojke u mokre sastojke, miksajući dok se ne sjedine.
e) Ubacite naribanu mrkvu, zgnječeni ananas i nasjeckane orahe.
f) Tijesto ravnomjerno rasporedite po pripremljenim kalupima za male štruce.
g) Pecite u prethodno zagrijanoj pećnici 20-25 minuta, ili dok čačkalica zabodena u sredinu ne izađe čista.
h) Ostavite štruce da se ohlade u posudama 10 minuta, zatim ih prebacite na rešetku da se potpuno ohlade.
i) Po želji, mrazom ohlađene štruce s glazurom od krem sira prije posluživanja.

6.Mini kruh od bundeve

SASTOJCI:
- 1 1/2 šalice višenamjenskog brašna
- 1 žličica praška za pecivo
- 1/2 žličice sode bikarbone
- 1/4 žličice soli
- 1 žličica mljevenog cimeta
- 1/2 žličice mljevenog đumbira
- 1/4 žličice mljevenog muškatnog oraščića
- 1/4 žličice mljevenog klinčića
- 1/4 šalice neslanog maslaca, otopljenog
- 1/2 šalice pakiranog smeđeg šećera
- 1/2 šalice konzerviranog pirea od bundeve
- 1/4 šalice mlijeka
- 1 veliko jaje
- 1 žličica ekstrakta vanilije

UPUTE:
a) Zagrijte pećnicu na 350°F (175°C). Namastite i pobrašnite kalupe za male kruhove.
b) U srednjoj posudi pomiješajte brašno, prašak za pecivo, sodu bikarbonu, sol i začine (cimet, đumbir, muškatni oraščić, klinčić).
c) U velikoj zdjeli pjenasto izmiksajte otopljeni maslac i smeđi šećer dok smjesa ne postane glatka. Dodajte pire od bundeve, mlijeko, jaje i ekstrakt vanilije i miješajte dok se dobro ne sjedini.
d) Postupno dodajte suhe sastojke u mokre sastojke, miksajući dok se ne sjedine.
e) Tijesto ravnomjerno rasporedite po pripremljenim kalupima za male štruce.
f) Pecite u prethodno zagrijanoj pećnici 20-25 minuta, ili dok čačkalica zabodena u sredinu ne izađe čista.
g) Ostavite štruce da se ohlade u posudama 10 minuta, zatim ih prebacite na rešetku da se potpuno ohlade.

MINI PITE

7.Mini pite od jabuka

SASTOJCI:
- 2 srednje jabuke, oguljene, očišćene od koštice i narezane na kockice
- 2 žlice granuliranog šećera
- 1 žlica višenamjenskog brašna
- 1/2 žličice mljevenog cimeta
- 1/4 žličice mljevenog muškatnog oraščića
- 1 žlica soka od limuna
- Kupovno ili domaće tijesto za pitu
- Pranje jaja (1 jaje umućeno sa 1 žlicom vode)
- krupni šećer za posipanje (po želji)

UPUTE:
a) Zagrijte pećnicu na 375°F (190°C). Namastite kalup za mini muffine.
b) U zdjeli pomiješajte jabuke narezane na kockice, kristalni šećer, brašno, cimet, muškatni oraščić i limunov sok. Miješajte dok jabuke ne budu ravnomjerno obložene.
c) Razvaljajte tijesto za pitu na lagano pobrašnjenoj površini. Okruglim rezačem ili čašom izrežite krugove tijesta malo veće od udubljenja kalupa za mini muffine.
d) Svaki krug tijesta utisnite u podmazane udubljenja kalupa za mini muffine, oblikujući kore za mini pite.
e) Žlicom stavljajte nadjev od jabuka u svaku koru za mini pitu, punite ih do vrha.
f) Po želji izrežite manje krugove ili trake od tijesta kako biste napravili rešetke ili ukrasne vrhove za mini pite.
g) Premažite vrhove mini pita vodom od jaja i pospite ih krupnim šećerom, ako koristite.
h) Pecite u prethodno zagrijanoj pećnici 18-20 minuta, ili dok korica ne porumeni, a nadjev ne postane mjehurić.
i) Ostavite mini pite da se ohlade u kalupu za muffine nekoliko minuta prije nego što ih prebacite na rešetku da se potpuno ohlade.

8.Mini pite od bundeve

SASTOJCI:
- 1 šalica konzerviranog pirea od bundeve
- 1/2 šalice zaslađenog kondenziranog mlijeka
- 1 veliko jaje
- 1/2 žličice mljevenog cimeta
- 1/4 žličice mljevenog đumbira
- 1/4 žličice mljevenog muškatnog oraščića
- 1/4 žličice soli
- Kupovno ili domaće tijesto za pitu
- Šlag za posluživanje (po želji)

UPUTE:
a) Zagrijte pećnicu na 375°F (190°C). Namastite kalup za mini muffine.
b) U zdjeli pomiješajte pire od bundeve, zaslađeno kondenzirano mlijeko, jaje, cimet, đumbir, muškatni oraščić i sol dok se ne sjedini.
c) Razvaljajte tijesto za pitu na lagano pobrašnjenoj površini. Okruglim rezačem ili čašom izrežite krugove tijesta malo veće od udubljenja kalupa za mini muffine.
d) Svaki krug tijesta utisnite u podmazane udubljenja kalupa za mini muffine, oblikujući kore za mini pite.
e) Žlicom stavljajte nadjev od bundeve u svaku mini koru za pitu, punite ih gotovo do vrha.
f) Pecite u prethodno zagrijanoj pećnici 12-15 minuta, odnosno dok korica ne porumeni i nadjev se stegne.
g) Ostavite mini pite da se ohlade u kalupu za muffine nekoliko minuta prije nego što ih prebacite na rešetku da se potpuno ohlade.
h) Po želji mini pite od bundeve poslužite sa šlagom.

9.Mini pite od trešanja

SASTOJCI:
- 1 šalica nadjeva za pitu od višanja (kupovnog ili domaćeg)
- Kupovno ili domaće tijesto za pitu
- Pranje jaja (1 jaje umućeno sa 1 žlicom vode)
- krupni šećer za posipanje (po želji)

UPUTE:
a) Zagrijte pećnicu na 375°F (190°C). Namastite kalup za mini muffine.
b) Razvaljajte tijesto za pitu na lagano pobrašnjenoj površini. Okruglim rezačem ili čašom izrežite krugove tijesta malo veće od udubljenja kalupa za mini muffine.
c) Svaki krug tijesta utisnite u podmazane udubljenja kalupa za mini muffine, oblikujući kore za mini pite.
d) Žlicom stavljajte nadjev za pitu od višanja u svaku mini koru za pitu, punite ih do vrha.
e) Po želji izrežite manje krugove ili trake od tijesta kako biste napravili rešetke ili ukrasne vrhove za mini pite.
f) Premažite vrhove mini pita vodom od jaja i pospite ih krupnim šećerom, ako koristite.
g) Pecite u prethodno zagrijanoj pećnici 18-20 minuta, ili dok korica ne porumeni, a nadjev ne postane mjehurić.
h) Ostavite mini pite da se ohlade u kalupu za muffine nekoliko minuta prije nego što ih prebacite na rešetku da se potpuno ohlade.

10.Mini pite od borovnica

SASTOJCI:
- 1 šalica svježih ili smrznutih borovnica
- 2 žlice granuliranog šećera
- 1 žlica kukuruznog škroba
- 1/2 žličice limunove korice
- 1 žličica soka od limuna
- Kupovno ili domaće tijesto za pitu
- Pranje jaja (1 jaje umućeno sa 1 žlicom vode)
- krupni šećer za posipanje (po želji)

UPUTE:
a) Zagrijte pećnicu na 375°F (190°C). Namastite kalup za mini muffine.
b) U zdjeli nježno pomiješajte borovnice, granulirani šećer, kukuruzni škrob, limunovu koricu i limunov sok dok se dobro ne sjedine.
c) Razvaljajte tijesto za pitu na lagano pobrašnjenoj površini. Okruglim rezačem ili čašom izrežite krugove tijesta malo veće od udubljenja kalupa za mini muffine.
d) Svaki krug tijesta utisnite u podmazane udubljenja kalupa za mini muffine, oblikujući kore za mini pite.
e) Žlicom stavljajte nadjev od borovnica u svaku mini koru za pitu, punite ih do vrha.
f) Po želji izrežite manje krugove ili trake od tijesta kako biste napravili rešetke ili ukrasne vrhove za mini pite.
g) Premažite vrhove mini pita vodom od jaja i pospite ih krupnim šećerom, ako koristite.
h) Pecite u prethodno zagrijanoj pećnici 18-20 minuta, ili dok korica ne porumeni, a nadjev ne postane mjehurić.
i) Ostavite mini pite da se ohlade u kalupu za muffine nekoliko minuta prije nego što ih prebacite na rešetku da se potpuno ohlade.

11. Mini ključne pite s limetom

SASTOJCI:
- 1/2 šalice ključnog soka od limete
- 1 žličica korice limete
- 1 limenka (14 unci) zaslađenog kondenziranog mlijeka
- 2 velika žumanjka
- Kupljeno ili domaće tijesto za graham krekere
- Šlag za posluživanje (po želji)

UPUTE:
a) Zagrijte pećnicu na 350°F (175°C). Namastite kalup za mini muffine.
b) U zdjeli pomiješajte sok od ključne limete, koricu od ključne limete, zaslađeno kondenzirano mlijeko i žumanjke dok se ne sjedine.
c) Razvaljajte tijesto za graham kreker na lagano pobrašnjenoj površini. Okruglim rezačem ili čašom izrežite krugove tijesta malo veće od udubljenja kalupa za mini muffine.
d) Svaki krug tijesta utisnite u podmazane udubljenja kalupa za mini muffine, oblikujući kore za mini pite.
e) Žlicom stavljajte nadjev od limete u svaku mini koru za pitu, puneći ih gotovo do vrha.
f) Pecite u zagrijanoj pećnici 12-15 minuta, odnosno dok se nadjev ne stegne.
g) Ostavite mini pite da se ohlade u kalupu za muffine nekoliko minuta prije nego što ih prebacite na rešetku da se potpuno ohlade.
h) Ohladite mini pite od limete u hladnjaku najmanje 2 sata prije posluživanja.
i) Ohlađene mini pite poslužite sa šlagom po želji.

12. Mini čokoladne krem pite

SASTOJCI:
- 1 paket (3,9 unci) smjese za instant čokoladni puding
- 1 1/2 šalice hladnog mlijeka
- Kupovno ili domaće tijesto za pitu, pečeno i ohlađeno
- Šlag za posluživanje
- Čokoladne strugotine za ukras (po želji)

UPUTE:
a) U zdjeli za miješanje miješajte smjesu za čokoladni puding i hladno mlijeko dok se ne zgusne, oko 2 minute.
b) Čokoladni puding žlicom stavljati u ohlađene kore za mini pitu, puniti ih skoro do vrha.
c) Ohladite mini pite s čokoladnom kremom u hladnjaku najmanje 1 sat ili dok se ne stegne.
d) Prije posluživanja svaku mini pitu prelijte malo šlaga i po želji ukrasite komadićima čokolade.

MINI KOLAČI

13.Mini Victoria biskvit kolač

SASTOJCI:
ZA SPUŽVU:
- 2 jaja
- 100 g (oko 3,5 unce) maslaca, omekšalog
- 100 g (oko 3,5 unce) šećera u prahu
- 100 g (oko 3,5 unce) brašna koje se samo diže
- ½ žličice praška za pecivo
- ½ žličice ekstrakta vanilije

ZA NADJEV:
- Džem od jagoda ili malina
- Šlag

UPUTE:
a) Zagrijte pećnicu na 180°C (350°F). Namastite i obložite kalup za mini cuptorta ili tortu.
b) U zdjeli za miješanje izmiksajte maslac i šećer dok ne postanu kremasti. Dodajte jedno po jedno jaje, dobro miksajući nakon svakog dodavanja. Umiješajte ekstrakt vanilije.
c) Prosijte samodizajuće brašno i prašak za pecivo pa umiješajte u smjesu.
d) Žlicom stavljajte tijesto u kalup za mini torte.
e) Pecite oko 12-15 minuta ili dok kolačići ne postanu zlatni i elastični na dodir.
f) Kada se ohladi, prerežite svaku mini tortu vodoravno na pola. Jednu polovicu namažite pekmezom i šlagom, a drugu polovicu stavite na vrh.
g) Pospite šećerom u prahu i poslužite.

14. Mini torta prelivena limunom

SASTOJCI:

- 2 jaja
- 100 g (oko 3,5 unce) maslaca, omekšalog
- 100 g (oko 3,5 unce) šećera u prahu
- 100 g (oko 3,5 unce) brašna koje se samo diže
- Korica od 1 limuna
- Sok od 1 limuna
- 50 g (oko 1,75 unce) granuliranog šećera

UPUTE:

a) Zagrijte pećnicu na 180°C (350°F). Namastite i obložite kalup za mini cuptorta ili tortu.
b) U zdjeli za miješanje izmiksajte maslac i šećer dok ne postanu kremasti. Dodajte jedno po jedno jaje, dobro miksajući nakon svakog dodavanja.
c) Prosijte brašno koje se samo diže i dodajte koricu limuna. Miješajte dok se dobro ne sjedini.
d) Žlicom stavljajte tijesto u mini kalup za torte i pecite oko 12-15 minuta ili dok kolačići ne porumene.
e) Dok se kolačići peku, pomiješajte sok od limuna i kristalni šećer da napravite preljev.
f) Čim kolačići izađu iz pećnice, izbodite ih vilicom ili čačkalicom i pokapajte ih mješavinom limuna i šećera.
g) Ostavite kolače da se ohlade prije posluživanja.

15. Mini čokoladni ekleri

SASTOJCI:
ZA CHOUX PECIVO:
- 150 ml (oko 5 unci) vode
- 60 g (oko 2 unce) maslaca
- 75 g (oko 2,5 unce) glatkog brašna
- 2 velika jaja

ZA NADJEV:
- 200 ml (oko 7 unci) vrhnja za šlag
- Čokoladni ganache (od otopljene čokolade i vrhnja)

UPUTE:
a) Zagrijte pećnicu na 200°C (390°F). Lim za pečenje obložite papirom za pečenje.
b) U loncu zagrijte vodu i maslac dok se maslac ne otopi. Maknite s vatre i dodajte brašno. Snažno miješajte dok se ne formira kugla tijesta.
c) Pustite da se tijesto malo ohladi, a zatim umiješajte jedno po jedno jaje dok smjesa ne postane glatka i sjajna.
d) Žlicom ili lulom vadite choux tijesto na lim za pečenje u malim oblicima za éclair.
e) Pecite oko 15-20 minuta ili dok ne napuhnu i porumene.
f) Kad se ohladi, vodoravno prerežite svaki éclair na pola. Napunite šlagom i prelijte ganacheom od čokolade.

16.Mini kolač od oraha od kave

SASTOJCI:
ZA TORTU:
- 2 jaja
- 100 g (oko 3,5 unce) maslaca, omekšalog
- 100 g (oko 3,5 unce) šećera u prahu
- 100 g (oko 3,5 unce) brašna koje se samo diže
- 1 žlica instant kave otopljena u 1 žlici vruće vode
- 50 g (oko 1,75 unci) nasjeckanih oraha

ZA glazuru:
- 100 g (oko 3,5 unce) omekšalog maslaca
- 200 g (oko 7 unci) šećera u prahu
- 1 žlica instant kave otopljena u 1 žlici vruće vode

UPUTE:
a) Zagrijte pećnicu na 180°C (350°F). Namastite i obložite kalup za mini cuptorta ili tortu.
b) U zdjeli za miješanje izmiksajte maslac i šećer dok ne postanu kremasti. Dodajte jedno po jedno jaje, dobro miksajući nakon svakog dodavanja.
c) Prosijte samodizajuće brašno i dodajte otopljenu kavu. Miješajte dok se dobro ne sjedini.
d) Umiješajte nasjeckane orahe.
e) Žlicom stavljajte tijesto u mini kalup za torte i pecite oko 12-15 minuta ili dok kolačići ne porumene.
f) Kad se ohladi, napravite glazuru od kave tako što ćete izmiksati omekšali maslac, šećer u prahu i otopljenu kavu.
g) Zaledite mini kolače i po želji ih ukrasite dodatnim nasjeckanim orasima.

17. Mini kolačići za poslijepodnevni čaj

SASTOJCI:
ZA ČAJNE KOLAČE:
- 3 žlice nezaslađenog kakaa u prahu
- 1 žličica sode bikarbone
- 1 šalica višenamjenskog brašna
- ½ šalice tople vode
- 1 žličica ekstrakta vanilije
- 3 žlice neslanog maslaca, otopljenog
- ⅓ šalice naribanog kokosa
- 1 veliko jaje
- ½ šalice kiselog vrhnja

ZA GLAZURU:
- 1 žlica neslanog maslaca
- 1 šalica prosijanog slastičarskog šećera
- 2 žlice vode
- ¼ žličice mljevenog cimeta
- ½ unce nezaslađene čokolade
- 1 žličica ekstrakta vanilije

UPUTE:
ZA ČAJNE KOLAČE:
a) Zagrijte pećnicu na 375 stupnjeva F (190 stupnjeva C). Dvanaest posuda za muffine od 2½ inča obložite papirnatim ulošcima.
b) U malu posudu stavite kakao prah i umiješajte ½ šalice vrlo vruće vode iz slavine da se kakao otopi.
c) U velikoj zdjeli pomiješajte otopljeni maslac i šećer. Tucite električnom miješalicom dok se dobro ne sjedini.
d) Dodajte jaje i tucite dok smjesa ne postane svijetla i kremasta, što bi trebalo trajati oko 1 do 2 minute.
e) Ulijte smjesu otopljenog kakaa i tucite dok smjesa ne postane glatka.
f) U zasebnoj maloj zdjelici pomiješajte kiselo vrhnje i sodu bikarbonu. To umiješajte u smjesu maslac-šećer-kakao.
g) Dodajte višenamjensko brašno i ekstrakt vanilije i brzo tucite dok se sastojci ravnomjerno ne izmiješaju. Umiješajte nasjeckani kokos.
h) Žlicom stavite tijesto u kalupe za muffine, ravnomjerno ga rasporedite po njima, puneći ih do otprilike tri četvrtine.
i) Pecite otprilike 20 minuta ili dok vrhovi čajnih kolačića ne poskoče kada se lagano dodirnu i čačkalica zabodena u sredinu ne izađe čista.
j) Izvadite čajne kolačiće iz kalupa za muffine i ostavite ih da se malo ohlade na rešetki dok pripremate glazuru.

ZA ČOKOLADNU GLAZURU:
k) U malom loncu pomiješajte maslac s 2 žlice vode. Stavite na laganu vatru, dodajte nezaslađenu čokoladu i miješajte dok se čokolada ne otopi i smjesa malo zgusne. Maknite s vatre.
l) U maloj posudi pomiješajte prosijani slastičarski šećer i mljeveni cimet. Umiješajte smjesu otopljene čokolade i ekstrakt vanilije dok ne dobijete glatku glazuru.
m) Rasporedite otprilike 2 žličice čokoladne glazure na vrh svakog toplog čajnog kolačića i ostavite ih da se dobro ohlade.
n) Ovi kolačići za poslijepodnevni čaj sa svojom čokoladnom glazurom s mirisom cimeta čine divnu poslasticu u kojoj možete uživati uz čaj.

18.Mini kolač od mrkve

SASTOJCI:
ZA TORTU:
- 2 jaja
- 100 g (oko 3,5 unce) biljnog ulja
- 125 g (oko 4,5 unce) smeđeg šećera
- 150 g (oko 5,3 unce) naribane mrkve
- 100 g (oko 3,5 unce) brašna koje se samo diže
- ½ žličice mljevenog cimeta
- ½ žličice mljevenog muškatnog oraščića
- ½ žličice ekstrakta vanilije
- Šaka grožđica (po želji)

ZA GLAZURU OD KREMNOG SIRA:
- 100 g (oko 3,5 unce) krem sira
- 50 g (oko 1,75 unci) omekšalog maslaca
- 200 g (oko 7 unci) šećera u prahu
- ½ žličice ekstrakta vanilije

UPUTE:
a) Zagrijte pećnicu na 180°C (350°F). Namastite i obložite kalup za mini cuptorta ili tortu.
b) U zdjeli za miješanje tucite jaja, biljno ulje i smeđi šećer dok se dobro ne sjedine.
c) Umiješajte naribanu mrkvu, samodizajuće brašno, mljeveni cimet, mljeveni muškatni oraščić, ekstrakt vanilije i grožđice (ako koristite).
d) Žlicom stavite tijesto u mini kalup za torte i pecite oko 12-15 minuta ili dok kolači ne postanu čvrsti na dodir i dok čačkalica ne izađe čista kada se ubode.
e) Kad se ohladi, napravite glazuru od krem sira tako što ćete izmiksati krem sir, omekšali maslac, šećer u prahu i ekstrakt vanilije.
f) Zaledite mini kolače od mrkve glazurom od krem sira.

19.Mini Crveni barovišunkolači

SASTOJCI:
ZA TORTU
- 2 jaja
- 100 g (oko 3,5 unce) maslaca, omekšalog
- 150 g (oko 5,3 unce) granuliranog šećera
- 150 g (oko 5,3 unce) višenamjenskog brašna
- 1 žlica nezaslađenog kakaa u prahu
- ½ žličice sode bikarbone
- ½ žličice bijelog octa
- ½ žličice ekstrakta vanilije
- Nekoliko kapi crvene prehrambene boje
- 125 ml (oko 4,2 unce) mlaćenice

ZA GLAZURU OD KREMNOG SIRA:
- 100 g (oko 3,5 unce) krem sira
- 50 g (oko 1,75 unci) omekšalog maslaca
- 200 g (oko 7 unci) šećera u prahu
- ½ žličice ekstrakta vanilije

UPUTE:

a) Zagrijte pećnicu na 180°C (350°F). Namastite i obložite kalup za mini cuptorta ili tortu.
b) U posudi za miješanje istucite maslac i granulirani šećer dok ne postanu kremasti. Dodajte jedno po jedno jaje, dobro miksajući nakon svakog dodavanja.
c) U posebnoj zdjeli pomiješajte brašno i kakao prah.
d) U drugoj maloj posudi pomiješajte mlaćenicu, ekstrakt vanilije i crvenu prehrambenu boju.
e) Postupno dodajte suhe sastojke i mješavinu mlaćenice u smjesu maslaca i šećera, naizmjenično, počevši i završivši sa suhim sastojcima.
f) U maloj posudi pomiješajte sodu bikarbonu i bijeli ocat dok ne zapišta, a zatim to brzo umiješajte u tijesto za kolač.
g) Žlicom stavljajte tijesto u mini kalup za torte i pecite oko 12-15 minuta ili dok kolači ne postanu elastični na dodir.
h) Kad se ohladi, napravite glazuru od krem sira tako što ćete izmiksati krem sir, omekšali maslac, šećer u prahu i ekstrakt vanilije.
i) Zaledite mini kolače od crvenog barovišuna glazurom od krem sira.

20. Prstenasta torta s kremom i éclairs

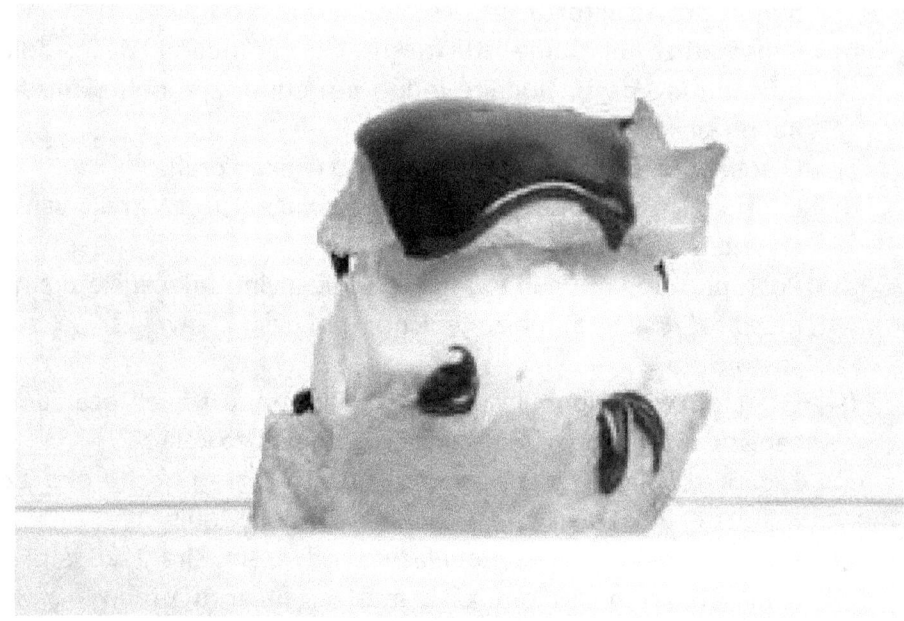

SASTOJCI:
- 1 šalica mlake vode
- 4 žlice (½ štapića) neslanog maslaca, narezanog na komadiće
- 1 šalica nebijeljenog višenamjenskog brašna ili brašna bez glutena
- 4 velika jaja, sobne temperature
- Slana smrznuta krema od vanilije ili smrznuta slana krema od kozjeg mlijeka i čokolade
- Čokoladna glazura (upotrijebite 4 žlice punomasnog mlijeka)

UPUTE:
a) Zagrijte pećnicu na 400°F.
b) Pomiješajte vodu i maslac u srednje jakoj posudi i zakuhajte, miješajući da se maslac otopi. Ulijte svo brašno i miješajte dok se smjesa ne oblikuje u kuglu.
c) Maknite s vatre i umiješajte jedno po jedno jaje električnom miješalicom.

ZA KREMŠNICE
d) Žlicom izložite šest pojedinačnih brda od 4 inča tijesta na nepodmazan lim za kolačiće (za manje oblačiće, napravite dvanaest humaka od 2 inča). Pecite dok ne porumene, oko 45 minuta. Izvadite iz pećnice i ostavite da se ohladi.

ZA EKLERE
e) Namjestite slastičarsku vrećicu s običnim vrhom od ¼ inča, a zatim zalijepite šest do dvanaest traka od 4 inča na nepodmazan lim za kekse. Pecite dok ne porumene, oko 45 minuta. Izvadite iz pećnice i ostavite da se ohladi.

ZA PRSTEN TORTU
f) Ubacite jednake žlice tijesta na nepodmazan lim za kolačiće kako biste napravili oval od 12 inča. Pecite dok ne porumene, 45 do 50 minuta. Izvadite iz pećnice i ostavite da se ohladi.

ZA SASTAVLJANJE
g) Pripremite glazuru. Prerežite kremšnite, éclairs ili prstenastu tortu na pola. Napunite sladoledom i vratite vrh(ove).
h) Za kremšnite, umočite gornji dio svakog lisnatog u čokoladu. Za éclairs ih velikodušno žlicom prelijte glazurom. Za prstenastu tortu u glazuru umiješajte dodatnih 5 žlica mlijeka; pokapajte ga preko torte s prstenom.
i) Za posluživanje složite kolače ili kriške torte na tanjure.

MINI TARTS

21.Mini kolačići od miješanog bobičastog voća

SASTOJCI:

- 1 paket (14 unci) prethodno pripremljenog tijesta za kore za pitu u hladnjaku
- 1 šalica miješanog bobičastog voća (kao što su jagode, borovnice, maline, kupine)
- 2 žlice granuliranog šećera
- 1 žlica kukuruznog škroba
- 1 žlica soka od limuna
- Šlag ili sladoled od vanilije za posluživanje (po želji)

UPUTE:

a) Zagrijte pećnicu na 375°F (190°C). Lagano namastite kalup za mini muffine.
b) Razvaljajte tijesto za pitu na lagano pobrašnjenoj površini. Okruglim rezačem ili čašom izrežite krugove tijesta malo veće od udubljenja kalupa za mini muffine.
c) Utisnite svaki krug tijesta u podmazane udubljenja kalupa za mini muffine, oblikujući školjke za mini kolače.
d) U zdjeli pomiješajte miješano bobičasto voće, granulirani šećer, kukuruzni škrob i limunov sok dok bobice ne budu ravnomjerno obložene.
e) Žlicom stavite mješavinu miješanog bobičastog voća u svaku školjku mini torte, puneći ih gotovo do vrha.
f) Pecite u prethodno zagrijanoj pećnici 12-15 minuta, ili dok korica ne porumeni, a bobice ne počnu puhati.
g) Ostavite mini kolače s bobičastim voćem da se ohlade u kalupu za muffine nekoliko minuta prije nego što ih prebacite na rešetku da se potpuno ohlade.
h) Poslužite mini tarte tople ili na sobnoj temperaturi, po želji sa šlagom ili sladoledom od vanilije sa strane.

22. Mini kolačići od čokolade i kikiriki maslaca

SASTOJCI:
- 1 paket (14 unci) prethodno pripremljenog tijesta za kore za pitu u hladnjaku
- 1/2 šalice kremastog maslaca od kikirikija
- 1/4 šalice šećera u prahu
- 4 unce poluslatke čokolade, nasjeckane
- 1/4 šalice gustog vrhnja
- Mljeveni kikiriki za ukras (po želji)

UPUTE:
a) Zagrijte pećnicu na 375°F (190°C). Lagano namastite kalup za mini muffine.
b) Razvaljajte tijesto za pitu na lagano pobrašnjenoj površini. Okruglim rezačem ili čašom izrežite krugove tijesta malo veće od udubljenja kalupa za mini muffine.
c) Utisnite svaki krug tijesta u podmazane udubljenja kalupa za mini muffine, oblikujući školjke za mini kolače.
d) U zdjeli pomiješajte kremasti maslac od kikirikija i šećer u prahu dok smjesa ne postane glatka i dobro spojena.
e) Žlicom dodajte malu količinu smjese maslaca od kikirikija u svaku koru mini torte, ravnomjerno je rasporedite po dnu.
f) U malom loncu zagrijte vrhnje na srednjoj vatri dok ne počne kuhati.
g) Stavite nasjeckanu čokoladu u posudu otpornu na toplinu. Vruće vrhnje prelijte preko čokolade i ostavite da odstoji 1-2 minute.
h) Pomiješajte čokoladu i vrhnje dok ne postanu glatki i sjajni kako biste napravili ganache.
i) Žlicom stavite čokoladni ganache preko sloja maslaca od kikirikija u svakoj ljusci mini torte, puneći ih gotovo do vrha.
j) Pustite kolačiće s čokoladnim maslacem od kikirikija da se ohlade u kalupu za muffine nekoliko minuta prije nego što ih prebacite na rešetku da se potpuno ohlade.
k) Po želji pospite mljeveni kikiriki preko torti za ukras.
l) Ohladite kolače u hladnjaku najmanje 30 minuta prije posluživanja.

23. Mini voćni kolačići

SASTOJCI:
- Pripremljene školjke za mini torte ili filo šalice
- Razno svježe voće
- 1 šalica kreme ili kreme od vanilije
- Šećer u prahu za posipanje (po želji)
- Listići svježe mente za ukras (po želji)

UPUTE:
a) Prethodno zagrijte pećnicu na temperaturu navedenu na pakiranju torte ili receptu.
b) Ako koristite filo čaše, pecite ih prema uputama na pakiranju i ostavite da se ohlade.
c) Svaku koru za tart ili filo šalicu napunite žlicom kreme ili kreme od vanilije.
d) Rasporedite svježe voće na vrh kreme, stvarajući šareni prikaz.
e) Po želji pospite šećerom u prahu i ukrasite listićima svježe mente.
f) Poslužite ove divne mini voćne kolače kao slatku i osvježavajuću poslasticu.

24.Mini tartlete s limunom

SASTOJCI:
ZA TART ŠKOLJKE:
- 1 ¼ šalice višenamjenskog brašna
- ¼ šalice šećera u prahu
- ½ šalice neslanog maslaca, hladnog i narezanog na kockice

ZA NADJEV OD LIMUNA:
- ¾ šalice granuliranog šećera
- 2 žlice kukuruznog škroba
- ¼ žličice soli
- 3 velika jaja
- ½ šalice svježe iscijeđenog soka od limuna
- Korica od 2 limuna
- ¼ šalice neslanog maslaca, narezanog na kockice

UPUTE:
a) U sjeckalici pomiješajte brašno i šećer u prahu. Dodajte hladan maslac narezan na kockice i miksajte dok smjesa ne postane nalik na grube mrvice.
b) Utisnite smjesu u kalupe za male tartlete, ravnomjerno pokrivajući dno i stranice. Dno izbodite vilicom.
c) Ohladite kore za tart u hladnjaku oko 30 minuta.
d) Zagrijte pećnicu na 350°F (175°C).
e) Pecite ljuske torte 12-15 minuta ili dok ne porumene. Pustite da se potpuno ohlade.
f) U loncu pomiješajte šećer, kukuruzni škrob i sol. Postupno umiješajte jaja, limunov sok i limunovu koricu.
g) Smjesu kuhajte na srednje laganoj vatri uz stalno miješanje dok se ne zgusne, oko 5-7 minuta.
h) Maknite s vatre i umiješajte maslac narezan na kockice dok smjesa ne postane glatka.
i) Ohlađene kore tarta napunite nadjevom od limuna.
j) Stavite u hladnjak na najmanje 1 sat prije posluživanja. Po želji pospite šećerom u prahu prije posluživanja.
k) Uživajte u svojim mini tartleticama s limunom!

25.Mini čokoladne ganache tartlete

SASTOJCI:
ZA TART ŠKOLJKE:
- 1 ¼ šalice višenamjenskog brašna
- ¼ šalice kakaa u prahu
- ¼ šalice granuliranog šećera
- ½ šalice neslanog maslaca, hladnog i narezanog na kockice

ZA ČOKOLADNI GANACHE:
- ½ šalice gustog vrhnja
- 6 unci poluslatke čokolade, sitno nasjeckane
- 1 žlica neslanog maslaca

UPUTE:
a) U sjeckalici pomiješajte brašno, kakao prah i šećer. Dodajte hladan maslac narezan na kockice i miksajte dok smjesa ne postane nalik na grube mrvice.
b) Utisnite smjesu u kalupe za male tartlete, ravnomjerno pokrivajući dno i stranice. Dno izbodite vilicom.
c) Ohladite kore za tart u hladnjaku oko 30 minuta.
d) Zagrijte pećnicu na 350°F (175°C).
e) Pecite ljuske torte 12-15 minuta ili dok malo ne postanu čvrste. Pustite da se potpuno ohlade.
f) U malom loncu zagrijte vrhnje na srednje jakoj vatri dok ne počne kuhati.
g) U vatrostalnu zdjelu stavite nasjeckanu čokoladu i prelijte je vrućim vrhnjem. Pustite da odstoji minutu, a zatim miješajte dok ne postane glatko.
h) Umiješajte žlicu maslaca dok se potpuno ne sjedini.
i) Ohlađene kore tarta napunite čokoladnim ganacheom.
j) Ostavite ganache da se stegne na sobnoj temperaturi oko 1 sat ili dok se ne stegne.

26. Mini tartlete s malinom i bademom

SASTOJCI:
ZA TART ŠKOLJKE:
- 1 ¼ šalice višenamjenskog brašna
- ¼ šalice šećera u prahu
- ½ šalice neslanog maslaca, hladnog i narezanog na kockice

ZA NADJEV OD BADEMA:
- ½ šalice obroka od badema
- ¼ šalice granuliranog šećera
- ¼ šalice neslanog maslaca, omekšalog
- 1 veliko jaje
- ½ žličice ekstrakta badema

ZA MONTAŽU:
- Svježe maline
- Narezani bademi

UPUTE:
PRIPREMITE TART ŠKOLJKE:
a) U zdjeli za miješanje pomiješajte višenamjensko brašno i šećer u prahu.
b) Dodajte hladan, kockice neslanog maslaca u smjesu brašna.
c) Rezačem za tijesto ili prstima umiješajte maslac u brašno dok smjesa ne postane nalik na grube mrvice.

OBLIKOVATI TIJESTO:
d) Postupno dodajte hladnu vodu u smjesu brašna i maslaca, malo po malo, i miješajte dok se tijesto ne sjedini.
e) Tijesto oblikujte u disk, zamotajte u plastičnu foliju i ostavite u hladnjaku najmanje 30 minuta.
f) Zagrijte pećnicu na 350°F (175°C).
g) Na pobrašnjenoj površini razvaljajte ohlađeno tijesto na oko ⅛-inča debljine.
h) Okruglim rezačem ili čašom izrežite krugove koji su malo veći od posuda za mini tartlete koje koristite.
i) Nježno utisnite krugove tijesta u kalupe za mini tartlete, pazeći da ravnomjerno prekriju dno i stranice. Odrežite sav višak tijesta.

j) U zdjeli za miješanje pomiješajte brašno od badema, granulirani šećer, omekšali neslani maslac, jaje i ekstrakt badema. Miješajte dok se dobro ne sjedini.

NAPUNITE KOLICE ZA TARTLETE:

k) Žlicom ravnomjerno rasporedite nadjev od badema u svaku koru za tartlete, punite ih otprilike do pola.

l) Stavite svježe maline na nadjev od badema u svaku koru za tartlete. Možete ih složiti kako želite, ali primamljivo izgleda prekrivanje površine malinama.

ISPECITE TARTLETE:

m) Napunjene kalupe za tartlete stavite na lim za pečenje i pecite u prethodno zagrijanoj pećnici oko 15-18 minuta ili dok se nadjev od badema ne stegne i rubovi tartleta ne porumene.

n) Ostavite mini tartlete s malinama i bademima da se malo ohlade prije nego što ih izvadite iz kalupa za tartlete.

o) Po želji pospite narezane bademe po vrhu tartleta za dodatnu hrskavost i ukras.

p) Poslužite tartlete tople ili na sobnoj temperaturi kao divan desert ili poslasticu.

27.Mini slani quiche Lorraine tartlete

SASTOJCI:
ZA TART ŠKOLJKE:
- 1 ¼ šalice višenamjenskog brašna
- ¼ šalice neslanog maslaca, hladnog i narezanog na kockice
- ¼ žličice soli
- ¼ šalice ledene vode

ZA NADJEV ZA QUICHE:
- 4 kriške slanine, nasjeckane
- ½ šalice ribanog Gruyere sira
- 2 velika jaja
- 1 šalica gustog vrhnja
- Posolite i popaprite po ukusu
- Prstohvat muškatnog oraščića

UPUTE:
PRIPREMITE TART ŠKOLJKE:
a) U zdjeli za miješanje pomiješajte višenamjensko brašno i sol.
b) Dodajte hladan, kockice neslanog maslaca u smjesu brašna.
c) Rezačem za tijesto ili prstima umiješajte maslac u brašno dok smjesa ne postane nalik na grube mrvice.
d) Postupno dodajte ledenu vodu, malo po malo, i miješajte dok se tijesto ne sjedini.
e) Tijesto oblikujte u disk, zamotajte u plastičnu foliju i ostavite u hladnjaku najmanje 30 minuta.
f) Zagrijte pećnicu na 375°F (190°C).
g) Na pobrašnjenoj površini razvaljajte ohlađeno tijesto na oko ⅛-inča debljine.
h) Okruglim rezačem ili čašom izrežite krugove koji su malo veći od posuda za mini tartlete koje koristite.
i) Nježno utisnite krugove tijesta u kalupe za tartlete, pazeći da ravnomjerno prekriju dno i stranice. Odrežite sav višak tijesta.

SLIJEPO PEČITE TART ŠKOLJKE:
j) Korice za tartlete obložite papirom za pečenje i napunite ih utezima za pite ili suhim grahom kako se tijesto ne bi napuhalo tijekom pečenja.

k) Pecite u prethodno zagrijanoj pećnici oko 10-12 minuta, ili dok rubovi ljuskica za tart ne postanu lagano zlatni.
l) Uklonite papir za pečenje i utege, zatim pecite još 5-7 minuta dok dno ne postane lagano zlatno.
m) Izvadite korpe za tartlete iz pećnice i ostavite ih sa strane da se ohlade.

PRIPREMITE NADJEV ZA QUICHE:
n) U tavi na srednjoj vatri kuhajte nasjeckanu slaninu dok ne postane hrskava. Uklonite višak masnoće.
o) Pečene kore za tartlete ravnomjerno pospite naribanim sirom Gruyere i kuhanom slaninom.
p) U zdjeli za miješanje umutite jaja, vrhnje, sol, papar i prstohvat muškatnog oraščića dok se dobro ne sjedine.
q) Pažljivo prelijte smjesu jaja preko sira i slanine u svakoj ljusci za tartlete, puneći ih do vrha.

ISPECITE TARTLETE ZA QUICHE:
r) Napunjene kalupe za tartlete stavite na lim za pečenje i pecite u prethodno zagrijanoj pećnici oko 20-25 minuta ili dok se quiche ne stegne i malo napuhne.
s) Tortice za quiche bi trebale imati zlatno smeđu gornju stranu kada su gotove.
t) Pustite Mini Savory Quiche Lorraine tartlete da se ohlade nekoliko minuta prije nego što ih pažljivo izvadite iz kalupa za tartlete.
u) Poslužite quiche tartlete tople ili na sobnoj temperaturi kao izvrsno predjelo ili međuobrok.

TORTA TATA I KUGLICE

28.Funfetti Confetti Torta Tata

SASTOJCI:
ZA TORTA TATA:
- 1 kutija mješavine za funfetti kolače
- 1/2 šalice neslanog maslaca, omekšalog
- 1/2 šalice punomasnog mlijeka
- 3 velika jaja
- 1/2 šalice šarenih konfeta u posipu

ZA PREMAZ ZA BOMBONE:
- 12 oz bijelih slatkiša ili komadića bijele čokolade
- 2 žlice biljnog ulja ili masti
- Dodatni raznobojni konfeti (za ukras)

ZA SASTAVLJANJE TORTA TATAA:
- Štapići za kolače ili štapići za lizalice

UPUTE:
ZA TORTA TATA:
a) Zagrijte pećnicu na temperaturu navedenu na kutiji za smjesu za kolače.
b) Namastite i pobrašnite tepsiju ili je obložite papirom za pečenje.
c) U zdjeli za miješanje pripremite smjesu za funfetti kolač prema uputama na pakiranju, koristeći neslani maslac, punomasno mlijeko i jaja.
d) Lagano ubacite šarene konfete u tijesto za tortu dok se ravnomjerno ne rasporede.
e) Pecite kolač u prethodno zagrijanoj pećnici dok čačkalica zabodena u sredinu ne izađe čista.
f) Pustite da se kolač potpuno ohladi.
g) Za sastavljanje torta tataova:
h) Ohlađeni kolač rukama ili kuhačom izmrvite u fine mrvice.
i) Smjesu razvaljajte u male kuglice za kolače, otprilike veličine loptice za stolni tenis, i stavite ih na lim obložen papirom za pečenje.
j) Ohladite kuglice za kolače u hladnjaku oko 30 minuta ili dok se ne stvrdnu.

ZA PREMAZ ZA BOMBONE:
k) U zdjeli prikladnoj za mikrovalnu pećnicu otopite bijele bombone ili komadiće bijele čokolade s biljnim uljem ili mastima u kratkim intervalima, miješajući u međuvremenu dok ne postane glatka.

ZAVRŠITI:
l) Umočite vrh štapića za kolače u otopljeni premaz od slatkiša i umetnite ga u sredinu ohlađene kuglice za tortu, otprilike do polovice.
m) Umočite cijelu kuglu torte u otopljeni premaz od slatkiša, pazeći da je u potpunosti premazana.
n) Odmah pospite obloženi kolač šarenim konfetima prije nego se premaz stegne.
o) Postavite torta tata uspravno u blok od stiropora ili stalak za torta pop kako bi se premaz od slatkiša potpuno stvrdnuo.

29.Klasični kolačići od vanilije

SASTOJCI:
ZA TORTA TATA:
- 1 kutija smjese za kolače od vanilije
- 1/2 šalice neslanog maslaca, omekšalog
- 1/2 šalice punomasnog mlijeka
- 3 velika jaja

ZA GLAZURU:
- 1/2 šalice neslanog maslaca, omekšalog
- 2 šalice šećera u prahu
- 1 žličica ekstrakta vanilije
- 2 žlice punomasnog mlijeka

ZA PREMAZ ZA BOMBONE:
- 12 oz bijelih slatkiša ili komadića bijele čokolade
- Šarene mrlje (po izboru)

ZA SASTAVLJANJE TORTA TATAA:
- Štapići za kolače ili štapići za lizalice

UPUTE:
ZA TORTA TATA:
a) Zagrijte pećnicu na temperaturu navedenu na kutiji za smjesu za kolače.
b) Namastite i pobrašnite tepsiju ili je obložite papirom za pečenje.
c) U zdjeli za miješanje pripremite smjesu za kolač od vanilije prema uputama na pakiranju, koristeći neslani maslac, punomasno mlijeko i jaja.
d) Pecite kolač u prethodno zagrijanoj pećnici dok čačkalica zabodena u sredinu ne izađe čista.
e) Pustite da se kolač potpuno ohladi.

ZA GLAZURU:
f) U posebnoj posudi za miješanje tucite omekšali maslac dok ne postane glatko i kremasto.
g) Postupno dodajte šećer u prahu, ekstrakt vanilije i punomasno mlijeko i nastavite miješati dok glazura ne postane glatka i razmaziva.

ZA SASTAVLJANJE TORTA TATAA:
h) Ohlađeni kolač rukama ili kuhačom izmrvite u fine mrvice.

i) Dodajte glazuru u mrvice kolača i miješajte dok se dobro ne sjedini.
j) Smjesu razvaljajte u male kuglice za kolače, otprilike veličine loptice za stolni tenis, i stavite ih na lim obložen papirom za pečenje.
k) Ohladite kuglice za kolače u hladnjaku oko 30 minuta ili dok se ne stvrdnu.

ZA PREMAZ ZA BOMBONE:
l) Otopite bijele bombone ili komadiće bijele čokolade prema uputama na pakiranju, koristeći mikrovalnu pećnicu ili kuhalo na paru.
m) Umočite vrh štapića za kolače u otopljeni premaz od slatkiša i umetnite ga u sredinu ohlađene kuglice za tortu, otprilike do polovice.
n) Umočite cijeli torta pop u otopljeni premaz od slatkiša, pazeći da bude potpuno obložen.
o) Dodajte šarene mrlje (po želji) dok je premaz još mokar.

ZAVRŠITI:
p) Postavite torta tata uspravno u blok od stiropora ili stalak za torta pop kako bi se premaz od slatkiša potpuno stvrdnuo.

30. Kuglice za tortu od čokolade

SASTOJCI:
ZA KUGLICE ZA TORTU:
- 1 kutija čokoladne smjese za kolače
- 1/2 šalice neslanog maslaca, omekšalog
- 1/2 šalice punomasnog mlijeka
- 3 velika jaja

ZA ČOKOLADNI PRELIV:
- 12 oz poluslatkih komadića čokolade ili rastopljene tamne čokolade
- 2 žlice biljnog ulja ili masti
- Čokoladni posip ili mljeveni orasi (po želji, za ukras)

ZA SASTAVLJANJE KUGLICA ZA TORTU:
- Štapići za kolače ili štapići za lizalice

UPUTE:
ZA KUGLICE ZA TORTU:
a) Zagrijte pećnicu na temperaturu navedenu na kutiji za smjesu za kolače.
b) Namastite i pobrašnite tepsiju ili je obložite papirom za pečenje.
c) U zdjeli za miješanje pripremite smjesu za čokoladnu tortu prema uputama na pakiranju, koristeći neslani maslac, punomasno mlijeko i jaja.
d) Pecite kolač u prethodno zagrijanoj pećnici dok čačkalica zabodena u sredinu ne izađe čista.
e) Pustite da se kolač potpuno ohladi.

ZA SASTAVLJANJE KUGLICA ZA TORTU:
f) Ohlađeni kolač rukama ili kuhačom izmrvite u fine mrvice.
g) Uvaljajte mrvice kolača u male kuglice za kolače, otprilike veličine loptice za stolni tenis, i stavite ih na lim za pečenje obložen papirom za pečenje.
h) Ohladite kuglice za kolače u hladnjaku oko 30 minuta ili dok se ne stvrdnu.

ZA ČOKOLADNI PRELIV:
i) U zdjeli prikladnoj za mikrovalnu pećnicu otopite poluslatku čokoladu ili tamnu čokoladu s biljnim uljem ili mastima u kratkim intervalima, miješajući između vremena dok ne postane glatka.
j) Završiti:
k) Umočite vrh štapića za kolače u otopljenu čokoladu i umetnite ga u sredinu ohlađene kuglice za tortu, otprilike do polovice.
l) Umočite cijelu kuglu torte u otopljenu čokoladu, pazeći da bude potpuno obložena.
m) Ukrasite čokoladnim posipima ili mljevenim orasima (po želji) dok je premaz još mokar.
n) Stavite kuglice za tortu uspravno u blok od stiropora ili stalak za kolače kako bi se čokoladni premaz potpuno stvrdnuo.

31. Torta s limunom i malinom

SASTOJCI:
ZA TORTA TATA:
- 1 kutija smjese za kolače s limunom
- 1/2 šalice neslanog maslaca, omekšalog
- 1/2 šalice punomasnog mlijeka
- 3 velika jaja
- Korica jednog limuna

ZA NADJEV OD MALINA:
- 1 šalica svježih malina
- 2 žlice granuliranog šećera

ZA PREMAZ ZA BOMBONE:
- 12 oz bijelih slatkiša ili komadića bijele čokolade
- Žuta ili ružičasta prehrambena boja (po izboru)
- Limunova korica (za ukras, po želji)

ZA SASTAVLJANJE TORTA TATAA:
- Štapići za kolače ili štapići za lizalice

UPUTE:
ZA TORTA TATA:
a) Zagrijte pećnicu na temperaturu navedenu na kutiji za smjesu za kolače.
b) Namastite i pobrašnite tepsiju ili je obložite papirom za pečenje.
c) U zdjeli za miješanje pripremite smjesu za kolač od limuna prema uputama na pakiranju, koristeći neslani maslac, punomasno mlijeko, jaja i koricu limuna.
d) Pecite kolač u prethodno zagrijanoj pećnici dok čačkalica zabodena u sredinu ne izađe čista.
e) Pustite da se kolač potpuno ohladi.

ZA NADJEV OD MALINA:
f) U posebnoj zdjeli zgnječite svježe maline sa šećerom u prahu dok ne dobijete glatki pire.

ZA SASTAVLJANJE TORTA TATAA:
g) Ohlađeni kolač rukama ili kuhačom izmrvite u fine mrvice.
h) Umiješajte pire od malina u mrvice za kolače dok se dobro ne sjedine.

i) Smjesu razvaljajte u male kuglice za kolače, otprilike veličine loptice za stolni tenis, i stavite ih na lim obložen papirom za pečenje.
j) Ohladite kuglice za kolače u hladnjaku oko 30 minuta ili dok se ne stvrdnu.

ZA PREMAZ ZA BOMBONE:
k) Otopite bijele bombone ili komadiće bijele čokolade prema uputama na pakiranju, koristeći mikrovalnu pećnicu ili kuhalo na paru.
l) Po želji dodajte nekoliko kapi žute ili ružičaste prehrambene boje u otopljeni premaz slatkiša kako biste postigli pastelnu nijansu.
m) Umočite vrh štapića za kolače u otopljeni premaz od slatkiša i umetnite ga u sredinu ohlađene kuglice za tortu, otprilike do polovice.
n) Umočite cijeli torta pop u otopljeni premaz od slatkiša, pazeći da bude potpuno obložen.

ZAVRŠITI:
o) Po izboru, ukrasite svaki kolačić malom limunovom koricom za dodatnu aromu limuna.
p) Postavite torta tata uspravno u blok od stiropora ili stalak za torta pop kako bi se premaz od slatkiša potpuno stvrdnuo.

32. Kuglice za tortu od crvenog barovišuna i sira

SASTOJCI:
ZA KUGLICE ZA TORTU:
- 1 kutija Crveni barovišunmješavine za kolače
- 1/2 šalice neslanog maslaca, omekšalog
- 1/2 šalice mlaćenice
- 3 velika jaja

ZA GLAZURU OD KREMNOG SIRA:
- 1 pakiranje (8 oz) krem sira, omekšalog
- 1/4 šalice neslanog maslaca, omekšalog
- 3 šalice šećera u prahu
- 1 žličica ekstrakta vanilije

ZA PREMAZ ZA BOMBONE:
- 12 oz bijelih slatkiša ili komadića bijele čokolade
- Crvena gel boja za hranu (po izboru)
- Crvene barovišunaste mrvice za kolač (za ukras, po želji)

ZA SASTAVLJANJE KUGLICA ZA TORTU:
- Štapići za kolače ili štapići za lizalice

UPUTE:
ZA KUGLICE ZA TORTU:
a) Zagrijte pećnicu na temperaturu navedenu na kutiji za smjesu za kolače.
b) Namastite i pobrašnite tepsiju ili je obložite papirom za pečenje.
c) U zdjeli za miješanje pripremite smjesu za kolač od crvenog barovišuna prema uputama na pakiranju, koristeći neslani maslac, mlaćenicu i jaja.
d) Pecite kolač u prethodno zagrijanoj pećnici dok čačkalica zabodena u sredinu ne izađe čista.
e) Pustite da se kolač potpuno ohladi.

ZA GLAZURU OD KREMNOG SIRA:
f) U posebnoj zdjeli za miješanje izmiksajte omekšali krem sir i maslac dok ne postanu glatki i kremasti.
g) Postupno dodajte šećer u prahu i ekstrakt vanilije i nastavite miksati dok glazura ne postane glatka i razmaziva.

ZA SASTAVLJANJE KUGLICA ZA TORTU:
h) Ohlađeni kolač rukama ili kuhačom izmrvite u fine mrvice.

i) Umiješajte glazuru od krem sira u mrvice kolača dok se dobro ne sjedine.
j) Smjesu razvaljajte u male kuglice za kolače, otprilike veličine loptice za stolni tenis, i stavite ih na lim obložen papirom za pečenje.
k) Ohladite kuglice za kolače u hladnjaku oko 30 minuta ili dok se ne stvrdnu.

ZA PREMAZ ZA BOMBONE:
l) Otopite bijele bombone ili komadiće bijele čokolade prema uputama na pakiranju, koristeći mikrovalnu pećnicu ili kuhalo na paru.
m) Po želji, dodajte nekoliko kapi crvene gel boje za hranu u rastopljeni premaz slatkiša kako biste postigli živopisnu crvenu boju.

ZAVRŠITI:
n) Umočite vrh štapića za kolače u otopljeni premaz od slatkiša i umetnite ga u sredinu ohlađene kuglice za tortu, otprilike do polovice.
o) Umočite cijelu kuglu torte u otopljeni premaz od slatkiša, pazeći da je u potpunosti premazana.
p) Po želji, svaku kuglicu torte ukrasite mrvicama od crvenog barovišuna za šarmantan dodir.
q) Stavite kuglice za tortu uspravno u blok od stiropora ili stalak za kolače kako bi se premaz od slatkiša potpuno stvrdnuo.

33. Kolačići i kreme za kolače

SASTOJCI:
ZA TORTA TATA:
- 1 kutija smjese za čokoladne torte
- 1/2 šalice neslanog maslaca, omekšalog
- 1/2 šalice punomasnog mlijeka
- 3 velika jaja
- 1 šalica smrvljenih čokoladnih sendvič kolačića (kao što je Oreo)

ZA PRELIV OD BIJELE ČOKOLADE:
- 12 oz bijelih slatkiša ili komadića bijele čokolade
- 2 žlice biljnog ulja ili masti

ZA SASTAVLJANJE TORTA TATAA:
- Štapići za kolače ili štapići za lizalice

UPUTE:
ZA TORTA TATA:
a) Zagrijte pećnicu na temperaturu navedenu na kutiji za smjesu za kolače.
b) Namastite i pobrašnite tepsiju ili je obložite papirom za pečenje.
c) U zdjeli za miješanje pripremite smjesu za čokoladnu tortu prema uputama na pakiranju, koristeći neslani maslac, punomasno mlijeko i jaja.
d) Umiješajte zdrobljene čokoladne sendvič kekse u tijesto za torte dok se dobro ne sjedine.
e) Pecite kolač u prethodno zagrijanoj pećnici dok čačkalica zabodena u sredinu ne izađe čista.
f) Pustite da se kolač potpuno ohladi.

ZA SASTAVLJANJE TORTA TATAA:
g) Ohlađeni kolač rukama ili kuhačom izmrvite u fine mrvice.
h) Smjesu razvaljajte u male kuglice za kolače, otprilike veličine loptice za stolni tenis, i stavite ih na lim obložen papirom za pečenje.
i) Ohladite kuglice za kolače u hladnjaku oko 30 minuta ili dok se ne stvrdnu.

ZA PRELIV OD BIJELE ČOKOLADE:
j) U zdjeli prikladnoj za mikrovalnu pećnicu otopite bijele bombone ili komadiće bijele čokolade s biljnim uljem ili mastima u kratkim intervalima, miješajući u međuvremenu dok ne postane glatka.

ZAVRŠITI:
k) Umočite vrh štapića za kolače u otopljenu bijelu čokoladu i umetnite ga u sredinu ohlađene kuglice za tortu, otprilike do polovice.
l) Umočite cijeli torta pop u otopljenu bijelu čokoladu, pazeći da bude potpuno obložen.
m) Po želji, ukrasite torta tata s dodatnim zdrobljenim čokoladnim sendvič kolačićima na vrhu dok je premaz još mokar.
n) Postavite torta tata uspravno u blok od stiropora ili stalak za torta pop kako bi se preljev od bijele čokolade potpuno stvrdnuo.

34.Kuglice za tortu od slane karamele

SASTOJCI:

ZA KUGLICE ZA TORTU:
- 1 kutija smjese za karamel kolače
- 1/2 šalice neslanog maslaca, omekšalog
- 1/2 šalice punomasnog mlijeka
- 3 velika jaja

ZA NADJEV ZA SLANI KARAMEL:
- 1 šalica kupovnog ili domaćeg karamel umaka
- 1/2 žličice morske soli

ZA PREMAZ ZA BOMBONE:
- 12 oz bombona s okusom karamele se topi
- 2 žlice biljnog ulja ili masti
- Krupna morska sol (za ukras, po želji)

ZA SASTAVLJANJE KUGLICA ZA TORTU:
- Štapići za kolače ili štapići za lizalice

UPUTE:

ZA KUGLICE ZA TORTU:
a) Zagrijte pećnicu na temperaturu navedenu na kutiji za smjesu za kolače.
b) Namastite i pobrašnite tepsiju ili je obložite papirom za pečenje.
c) U zdjeli za miješanje pripremite smjesu za karamel kolač prema uputama na pakiranju, koristeći neslani maslac, punomasno mlijeko i jaja.
d) Pecite kolač u prethodno zagrijanoj pećnici dok čačkalica zabodena u sredinu ne izađe čista.
e) Pustite da se kolač potpuno ohladi.

ZA NADJEV ZA SLANI KARAMEL:
f) U posebnoj zdjeli pomiješajte karamel umak s morskom soli dok se dobro ne sjedini.

ZA SASTAVLJANJE KUGLICA ZA TORTU:
g) Ohlađeni kolač rukama ili kuhačom izmrvite u fine mrvice.
h) Umiješajte nadjev od slane karamele u mrvice za kolače dok se dobro ne sjedine.

i) Smjesu razvaljajte u male kuglice za kolače, otprilike veličine loptice za stolni tenis, i stavite ih na lim obložen papirom za pečenje.
j) Ohladite kuglice za kolače u hladnjaku oko 30 minuta ili dok se ne stvrdnu.

ZA PREMAZ ZA BOMBONE:
k) U zdjeli prikladnoj za mikrovalnu pećnicu otopite topljene bombone s okusom karamele ili komadiće čokolade s okusom karamele s biljnim uljem ili masnoćom u kratkim intervalima, između vremena miješajući dok ne postane glatko.
l) Završiti:
m) Umočite vrh štapića za kolače u otopljeni premaz od slatkiša i umetnite ga u sredinu ohlađene kuglice za tortu, otprilike do polovice.
n) Umočite cijelu kuglu torte u otopljeni premaz od slatkiša, pazeći da je u potpunosti premazana.
o) Po želji, svaku kuglicu torte pospite prstohvatom krupne morske soli za dodatni okus.
p) Stavite kuglice za tortu uspravno u blok od stiropora ili stalak za kolače kako bi se premaz od slatkiša potpuno stvrdnuo.

35. Kuglice za tortu od sira od jagoda

SASTOJCI:
ZA KUGLICE ZA TORTU:
- 1 kutija smjese za kolače od jagoda
- 1/2 šalice neslanog maslaca, omekšalog
- 1/2 šalice punomasnog mlijeka
- 3 velika jaja

ZA NADJEV ZA CHEESETORTA:
- 1 pakiranje (8 oz) krem sira, omekšalog
- 1/4 šalice granuliranog šećera
- 1 žličica ekstrakta vanilije

ZA PREMAZ ZA BOMBONE:
- 12 oz bijelih slatkiša ili komadića bijele čokolade
- 2 žlice biljnog ulja ili masti

ZA GLAZURU OD JAGODA:
- 1 šalica svježih jagoda, nasjeckanih
- 1/4 šalice granuliranog šećera
- 1 žlica kukuruznog škroba
- 1 žlica vode

ZA SASTAVLJANJE KUGLICA ZA TORTU:
- Štapići za kolače ili štapići za lizalice

UPUTE:
ZA KUGLICE ZA TORTU:
a) Zagrijte pećnicu na temperaturu navedenu na kutiji za smjesu za kolače.
b) Namastite i pobrašnite tepsiju ili je obložite papirom za pečenje.
c) U zdjeli za miješanje pripremite smjesu za kolač od jagoda prema uputama na pakiranju, koristeći neslani maslac, punomasno mlijeko i jaja.
d) Pecite kolač u prethodno zagrijanoj pećnici dok čačkalica zabodena u sredinu ne izađe čista.
e) Pustite da se kolač potpuno ohladi.

ZA NADJEV ZA CHEESETORTA:
f) U posebnoj zdjeli za miješanje tucite omekšali krem sir, granulirani šećer i ekstrakt vanilije dok ne postane glatka i kremasta.
g) Za sastavljanje kuglica za tortu:

h) Ohlađeni kolač rukama ili kuhačom izmrvite u fine mrvice.
i) Umiješajte nadjev za tortu od sira u mrvice za tortu dok se dobro ne sjedini.
j) Smjesu razvaljajte u male kuglice za kolače, otprilike veličine loptice za stolni tenis, i stavite ih na lim obložen papirom za pečenje.
k) Ohladite kuglice za kolače u hladnjaku oko 30 minuta ili dok se ne stvrdnu.

ZA PREMAZ ZA BOMBONE:
l) U zdjeli prikladnoj za mikrovalnu pećnicu otopite bijele bombone ili komadiće bijele čokolade s biljnim uljem ili mastima u kratkim intervalima, miješajući u međuvremenu dok ne postane glatka.

ZA GLAZURU OD JAGODA:
m) U loncu pomiješajte nasjeckane jagode, granulirani šećer, kukuruzni škrob i vodu.
n) Kuhajte na srednje jakoj vatri uz stalno miješanje dok se smjesa ne zgusne i jagode ne razbiju u glazuru.
o) Maknite s vatre i ostavite da se glazura od jagoda ohladi.

ZAVRŠITI:
p) Umočite vrh štapića za kolače u otopljeni premaz od slatkiša i umetnite ga u sredinu ohlađene kuglice za tortu, otprilike do polovice.
q) Umočite cijelu kuglu torte u otopljeni premaz od slatkiša, pazeći da je u potpunosti premazana.
r) Prelijte svaku kuglicu kolača ohlađenom glazurom od jagoda za divan završetak.
s) Stavite kuglice za tortu uspravno u blok od stiropora ili stalak za kolače kako bi se premaz od slatkiša potpuno stvrdnuo.

MINI SENDVIČI

36. Mini Caprese sendviči

SASTOJCI:
- 12 malih peciva ili peciva za večeru
- 12 kriški svježeg mozzarella sira
- 2 rajčice, narezane na ploške
- Listovi svježeg bosiljka
- Balsamic glazura
- Posolite i popaprite po ukusu

UPUTE:
a) Prerežite mini pecivo ili pecivo vodoravno na pola.
b) Na donju polovicu svake kiflice poslažite krišku sira mozzarella, krišku rajčice i nekoliko listova bosiljka.
c) Prelijte glazurom od balzama i začinite solju i paprom.
d) Gornju polovicu lepinje staviti na nadjeve.
e) Po želji pričvrstite mini sendviče čačkalicama.
f) Poslužite i uživajte u ovim osvježavajućim Caprese sendvičima.

37.Mini sendviči sa salatom od piletine

SASTOJCI:
- 12 mini kroasana ili malih peciva
- 2 šalice kuhanih pilećih prsa, nasjeckanih ili na kockice
- ½ šalice majoneze
- 1 žlica Dijon senfa
- ¼ šalice sitno nasjeckanog celera
- 2 zelena luka, tanko narezana
- Posolite i popaprite po ukusu

UPUTE:
a) U zdjeli pomiješajte nasjeckana ili na kockice narezana pileća prsa, majonezu, dijon senf, celer i mladi luk dok se dobro ne sjedine.
b) Začinite solju i paprom po ukusu.
c) Prerežite mini kroasane ili peciva vodoravno na pola.
d) Na donju polovicu svakog kroasana ili peciva žlicom stavite obilnu količinu pileće salate.
e) Na nadjev staviti gornju polovicu kroasana ili rolade.
f) Po želji pričvrstite mini sendviče čačkalicama.
g) Poslužite i uživajte u ovim ukusnim sendvičima s pilećom salatom.

38. Mini sendviči s puretinom i brusnicama

SASTOJCI:
- 12 malih kiflica za večeru ili malih žemljica
- 12 kriški purećih prsa
- ½ šalice umaka od brusnice
- Šaka lišća mladog špinata ili rikule
- ¼ šalice krem sira
- Posolite i popaprite po ukusu

UPUTE:
a) Prerežite kiflice ili žemlje vodoravno na pola.
b) Donju polovicu svake rolice premažite krem sirom.
c) Na krem sir poslažite narezana pureća prsa, žlicu umaka od brusnica i nekoliko listova mladog špinata ili rikule.
d) Začinite solju i paprom po ukusu.
e) Na nadjev staviti gornju polovicu rolata.
f) Po želji pričvrstite mini sendviče čačkalicama.

39.Mini slajderi sa šunkom i sirom

SASTOJCI:
- 12 malih peciva ili peciva za večeru
- 12 kriški šunke
- 12 kriški sira (kao što je cheddar, švicarski ili provolone)
- 2 žlice Dijon senfa
- 2 žlice majoneze
- 2 žlice maslaca, otopljenog
- ½ žličice češnjaka u prahu
- ½ žličice maka (po želji)

UPUTE:
a) Zagrijte pećnicu na 350°F (175°C).
b) Vodoravno prerežite pecivo ili pecivo na pola.
c) Donju polovicu svake kiflice namažite dijon senfom, a gornju polovicu majonezom.
d) Na donju polovicu svake lepinje posložiti narezanu šunku i sir.
e) Stavite gornju polovicu peciva na nadjeve kako biste napravili sendviče.
f) Stavite sendviče u posudu za pečenje.
g) U manjoj posudi pomiješajte otopljeni maslac s češnjakom u prahu. Premažite smjesu preko vrhova sendviča.
h) Po želji sendviče pospite makom.
i) Posudu za pečenje prekrijte folijom i pecite 10-15 minuta ili dok se sir ne otopi, a kiflice malo zapeku.
j) Poslužite ove tople slajdove sa šunkom i sirom pune sira.

40. Mini Veggie Club sendviči

SASTOJCI:
- 12 mini pita džepića ili malih peciva
- ½ šalice humusa
- 12 kriški krastavca
- 12 kriški rajčice
- 12 kriški avokada
- Šaka zelene salate ili klica
- Posolite i popaprite po ukusu

UPUTE:
a) Prerežite mini pita džepiće ili žemljice vodoravno na pola.
b) Na donju polovicu svakog džepića ili rolice namažite humus.
c) Složite kriške krastavca, kriške rajčice, kriške avokada i zelenu salatu ili klice na vrh humusa.
d) Začinite solju i paprom po ukusu.
e) Gornju polovicu džepića ili roladu staviti na nadjeve.
f) Po želji pričvrstite mini sendviče čačkalicama.
g) Poslužite i uživajte u ovim ukusnim vege club sendvičima.

KOLAČIĆI

41. Kolačići od pereca i karamele

SASTOJCI:
- 1 paket mješavine za čokoladnu tortu (uobičajene veličine)
- 1/2 šalice maslaca, otopljenog
- 2 velika jaja, sobne temperature
- 1 šalica izlomljenih minijaturnih pereca, podijeljena
- 1 šalica poluslatkih komadića čokolade
- 2 žlice slanog karamel preljeva

UPUTE:
a) Zagrijte pećnicu na 350°. Pomiješajte smjesu za kolače, otopljeni maslac i jaja; tucite dok se ne pomiješa. Umiješajte 1/2 šalice pereca, komadiće čokolade i preljev od karamele.
b) Ubacite po zaobljene žlice u razmaku od 2 inča na podmazane limove za pečenje. Lagano poravnajte s dnom čaše; pritisnite preostale perece na vrh svake. Pecite 8-10 minuta ili dok se ne stegne.
c) Ohladite na posudama 2 minute. Izvadite na rešetke da se potpuno ohlade.

42. Kolačić od konoplje

SASTOJCI:
- 1 paket mješavine za čokoladnu tortu (uobičajene veličine)
- 2 velika jaja, sobne temperature
- 1/2 šalice ulja
- 1 šalica poluslatkih komadića čokolade
- 1 šalica kremastog maslaca od kikirikija
- 1/2 šalice slastičarskog šećera

UPUTE:
a) Zagrijte pećnicu na 350°.
b) U velikoj zdjeli pomiješajte smjesu za kolače, jaja i ulje dok se ne sjedine. Umiješajte komadiće čokolade. Pritisnite pola tijesta u 10-in. tava od lijevanog željeza ili druga vatrostalna tava.
c) Pomiješajte maslac od kikirikija i slastičarski šećer; rasporedite po tijestu u tavi.
d) Pritisnite preostalo tijesto između listova pergamenta u 10-in. krug; stavite preko punjenja.
e) Pecite dok čačkalica zabodena u sredinu ne izađe s vlažnim mrvicama, 20-25 minuta.

43. Torta Mix Sendvič kolačići

SASTOJCI:
- 1 mješavina za čokoladne torte od 18,25 unce
- 1 jaje, sobne temperature
- ½ šalice maslaca
- 1 glazura od vanilije od 12 unci

UPUTE:
a) Zagrijte pećnicu na 350°F.
b) Pokrijte lim za kekse slojem papira za pečenje. Staviti na stranu.
c) U velikoj zdjeli za miješanje pomiješajte smjesu za kolače, jaje i maslac. Upotrijebite električni mikser kako biste stvorili glatko, jednolično tijesto.
d) Tijesto za kolačiće razvaljajte u kuglice od 1" i stavite ih na lim za kolačiće. Pritisnite svaku kuglicu žlicom da se spljošti. Pecite 10 minuta.
e) Ostavite kolačiće da se potpuno ohlade prije nego što stavite sloj glazure između dva kolačića.

44. s granolom i čokoladom

SASTOJCI:
- čokoladnu tortu od 18,25 unci
- ¾ šalice maslaca, omekšalog
- ½ šalice pakiranog smeđeg šećera
- 2 jaja
- 1 šalica granole
- 1 šalica komadića bijele čokolade
- 1 šalica suhih višanja

UPUTE:
a) Zagrijte pećnicu na 375°F.
b) U velikoj zdjeli pomiješajte smjesu za kolače, maslac, smeđi šećer i jaja i tucite dok se ne formira tijesto.
c) Umiješajte granolu i komadiće bijele čokolade. Stavljajte po pune žličice na udaljenosti od oko 2 inča na nepodmazane limove za kekse.
d) Pecite 10-12 minuta ili dok kolačići ne porumene oko rubova.
e) Ohladite na listovima za kolačiće 3 minute, a zatim ih izvadite na rešetku .

45. Kutija za kolače Šećerni kolačići

SASTOJCI:
- mješavina za tortu od bijele čokolade od 18,25 unce
- ¾ šalice maslaca
- 2 bjelanjka
- 2 žlice svijetle kreme

UPUTE:
a) Stavite smjesu za kolače u veliku zdjelu. Miješalicom za tijesto ili dvjema vilicama izrežite maslac dok čestice ne postanu fine.
b) Umiješajte bjelanjke i vrhnje dok se ne sjedine. Tijesto oblikujte u kuglu i pokrijte.
c) Hladite najmanje dva sata i najviše 8 sati u hladnjaku.
d) pećnicu na 375°F.
e) Razvaljajte tijesto u kuglice od 1" i stavite na nepodmazane limove za kolačiće. Spljoštite na ¼" debljine dnom čaše.
f) Pecite 7-10 minuta ili dok rubovi kolačića ne postanu svijetlo smeđi.
g) Ohladite na listovima za kolačiće 2 minute, zatim ih izvadite na rešetke da se potpuno ohlade.

46.Njemački kolačići u kutiji za kolače

SASTOJCI:
- 1 kutija od 18,25 unci Njemačka mješavina za čokoladne kolače
- 1 šalica poluslatkih komadića čokolade
- 1 šalica zobenih pahuljica
- ½ šalice ulja
- 2 jaja, malo tučena
- ½ šalice grožđica
- 1 žličica vanilije

UPUTE:
a) Zagrijte pećnicu na 350°F.
b) Sjediniti sve sastojke. Dobro izmiješajte električnom miješalicom na niskoj brzini. Ako se razviju brašnaste mrvice, dodajte malo vode.
c) Spuštajte tijesto žlicama na nepodmazan lim za kekse.
d) Pecite 10 minuta.
e) Potpuno ohladite prije nego što kolačiće skinete s lima i stavite na posudu za posluživanje.

KREMNJAČICE

47.Koktel krem puffs

SASTOJCI:
- ½ šalice Maslac
- 1 šalica Brašno
- 4 jaja
- 1 šalica Kipuća voda
- 2 žlice Maslac
- 1 šalica Pecans, nasjeckani
- 1½ šalice Piletina, kuhana
- ¼ žličice Sol
- 3 unce krem sira
- ¼ šalice Majoneza
- ¼ žličice Kora limuna

UPUTE:

a)   Pomiješajte maslac i kipuću vodu u loncu. Dodajte brašno i sol i kuhajte oko 2 minute ili dok ne postane mekana kugla. Dodajte jaja, jedno po jedno, dobro umutite.

b)   Žličice smjese stavljajte na podmazan lim za pečenje. Pecite 20 - 22 minute na 425 stupnjeva. Ohladiti na rešetki.

c)   Rastopite maslac u tavi; dodajte pekan orahe i kuhajte na laganoj vatri dok ne porumene. Ohladiti i sjediniti preostale sastojke . Koristiti za punjenje kremšnita.

d)   Odrežite vrh lisnatog kriška i napunite ga nadjevom od piletine. Zamijenite vrhove.

48.Puffs od maline

SASTOJCI:
- 1 šalica vode
- ½ šalice neslanog maslaca
- 1 šalica višenamjenskog brašna
- 4 velika jaja
- ¼ žličice soli
- 1 šalica gustog vrhnja
- ½ šalice džema od malina

UPUTE:
a) Zagrijte pećnicu na 425°F (220°C).
b) U loncu zakuhajte vodu, sol i maslac.
c) Umiješajte brašno dok ne dobijete glatko tijesto.
d) Maknite s vatre, pustite da se malo ohladi.
e) Dodajte jedno po jedno jaje, nakon svakog dobro miksajući.
f) Spuštajte žličnjake na lim za pečenje.
g) Pecite 20-25 minuta.
h) Umutite gustu pavlaku dok se ne stvore čvrsti vrhovi.
i) Pufne prepolovite i punite džemom od malina i šlagom.

49. Pufne s kremom od lješnjaka i tostiranog bijelog sljeza

SASTOJCI:
PRALINE OD LJEŠNJAKA:
- 100 g lješnjaka
- 30 g granuliranog šećera
- 12 g vode

KREMA ZA PRALINE:
- 142 g punomasnog mlijeka
- 75 g praline paste
- 230 g vrhnja
- 50 g granuliranog šećera
- 22 g kukuruznog škroba
- 45 g žumanjaka
- 45 g neslanog maslaca, sobne temperature

KOLAČIĆI ZA CHOUX:
- 180 g svijetlo smeđeg šećera
- 150 g višenamjenskog brašna
- 30 g bademovog brašna
- 85 g neslanog maslaca, narezanog na komade od ¼ inča

PÂTE À CHOUX:
- 250 g vode
- 125 g neslanog maslaca, sobne temperature
- 2,5 g košer soli
- 138 g višenamjenskog brašna
- 250 do 275 g jaja

ŠVICARSKI MERINGUE:
- 100g bjelanjaka
- 150 g granuliranog šećera

UPUTE:
PRALINE OD LJEŠNJAKA:
a) Zagrijte pećnicu na 300°F. Lim za pečenje obložite papirom za pečenje i pecite lješnjake dok vrlo lagano ne porumene. Nemojte prepeći jer će se nastaviti kuhati kada se karameliziraju.
b) Istrljajte lješnjake kako biste im uklonili koru.
c) Pomiješajte šećer i vodu u malom loncu na srednjoj vatri. Zakuhajte i kuhajte 1 minutu.
d) Dodajte tople lješnjake i miješajte dok se ravnomjerno ne prekriju i karameliziraju.
e) Premjestite karamelizirane lješnjake na lim za pečenje obložen papirom za pečenje ili silpatom da se potpuno ohlade.
f) Miješajte 80 g karameliziranih lješnjaka dok ne nalikuju kukuruznom brašnu, zatim dodajte mlijeko i miksajte dok ne postane glatko. Preostalih 20 g karameliziranih cijelih lješnjaka ostaviti sa strane.

KREMA ZA PRALINE:
g) Zagrijte smjesu pralina od mlijeka i vrhnja u loncu na srednje jakoj vatri, neprestano miješajući.
h) Pomiješajte šećer i kukuruzni škrob u maloj posudi, dodajte žumanjke i miksajte dok ne poblijede.
i) U žumanjke polako dodajte ¼ mliječne smjese pa vratite u lonac i kuhajte dok se ne zgusne.
j) Maknite s vatre, dodajte maslac i procijedite kroz fino sito. Ohladite, pokrijte plastičnom folijom i ostavite u hladnjaku 2 sata ili preko noći.

KOLAČIĆI ZA CHOUX:
k) Pomiješajte smeđi šećer, višenamjensko brašno i brašno od badema u zdjeli samostojećeg miksera.
l) Dodajte maslac i miješajte dok se ne sjedini, formirajući mrvičastu smjesu.
m) Razvaljajte tijesto između papira za pečenje na debljinu od 1/16 inča. Zamrznite dok se ne ohladi.

PÂTE À CHOUX:
n) Zagrijte pećnicu na 375°F.

o) U loncu pomiješajte vodu, maslac i sol. Miješajte dok se maslac ne otopi.
p) Umiješajte brašno dok se tijesto ne povuče sa stranica i postane sjajno.
q) Prebacite tijesto u zdjelu miksera i miješajte na niskoj brzini.
r) Postupno dodavajte jaja dok se tijesto ne odmakne sa strane, ali se lagano uhvati natrag.
s) Prebacite tijesto u slastičarsku vrećicu i izvucite ga na silpat ili pergamentni papir prema predlošku.
t) Stavite kolačiće na vrh izrezane zalihe i lagano pritisnite da se učvrste.
u) Pecite na 375°F, zatim smanjite na 350°F 30-35 minuta, zatim na 325°F još 10 minuta.

ŠVICARSKI MERINGUE:
v) Pomiješajte bjelanjke i šećer u zdjeli samostojećeg miksera iznad kipuće vode. Mutiti dok ne dostigne 60°C.
w) Mutite na srednjoj do visokoj brzini 5-8 minuta dok se ne formiraju čvrsti sjajni vrhovi.

SKUPŠTINA:
x) Odrežite kremšnite ¾ visine.
y) Kremu za praline tijesto utisnite u lisnate listove.
z) Na vrh slastičarske kreme izrežite švicarski meringue.
aa) Lagano prepecite meringue butan plamenikom.
bb) Vratite vrh pufna.
cc) Na vrh nanesite malu točku meringue i ukrasite cijelim i prepolovljenim karameliziranim lješnjacima.
dd) Poslužite odmah.

50.Krem pufne od jagoda

SASTOJCI:
ZA CRAQUELIN:
- 150 g omekšalog maslaca
- 150g šećera
- 180 g brašna
- ½ žličice vanilije
- 1 žličica ružičaste prehrambene boje

ZA KREMAŠNICE:
- 1 šalica vode
- ½ šalice maslaca, narezanog na kockice
- 1 šalica višenamjenskog brašna
- 4 jaja

ZA KREMU NARANČE I NADJEV OD JAGODA:
- ½ šalice mlijeka
- ½ šalice vrhnja
- 2 žlice šećera
- 2 žumanjka
- 2 žlice šećera
- ½ šalice jagoda narezanih na kockice

UPUTE:
NAPRAVITE CRAQUELIN:
a) Miješajte maslac i šećer dok ne poblijeđe. Dodajte esenciju vanilije i ružičastu prehrambenu boju. Dobro promiješajte. Dodati brašno i sve sjediniti. Razvaljajte pastu na lim za pečenje na debljinu od 1 inča i zamrznite 30 minuta. Izrežite krugove od 3 inča nakon hlađenja.
b) Zagrijte pećnicu na 200°C, a pleh obložite papirom za pečenje.

NAPRAVITE PECIVO ZA KEMPE:
c) Zakuhajte vodu i maslac. Maknite s vatre i dodajte svo brašno odjednom. Snažno miješajte dok se ne formira lopta. Stavite lonac na laganu vatru i kuhajte 3-5 minuta. Maknite s vatre i ostavite da se ohladi.
d) Dodajte jedno po jedno jaje, dobro miksajući nakon svakog dodavanja. Prebacite tijesto u vrećicu za pečenje i kuglice za izljeve na tepsiju.
e) Pecite 10 minuta, zatim smanjite temperaturu na 165°C i pecite još 20 minuta dok ne porumene. Ne otvarajte vrata pećnice tijekom pečenja.
f) Dok se lepinje hlade napravite nadjev: U zdjeli pjenasto umutite žumanjke i šećer. U loncu zakuhati mlijeko i vrhnje pa dodati vaniliju. Polako dodajte mliječnu smjesu u smjesu žumanjaka, neprestano miješajući. Kuhajte dok ne zapuhne na vrhu. Maknite s vatre, po potrebi procijedite i ostavite da se ohladi. Dodati narančinu koricu i ubaciti kockice jagoda.
g) Punite kremšnite nadjevom od naranči i jagoda. Poslužite odmah. Uživajte u svojim Puffs jagodama!

51. Limun Skuta Krema Puffs

SASTOJCI:
- 1 šalica vode
- ½ šalice neslanog maslaca
- 1 šalica višenamjenskog brašna
- 4 velika jaja
- ¼ žličice soli
- 1 šalica limun skutaa
- Šećer u prahu za posipanje

UPUTE:
a) Zagrijte pećnicu na 425°F (220°C).
b) U loncu zakuhajte vodu, sol i maslac.
c) Umiješajte brašno dok ne dobijete glatko tijesto.
d) Maknite s vatre, pustite da se malo ohladi.
e) Dodajte jedno po jedno jaje, nakon svakog dobro miksajući.
f) Spuštajte žličnjake na lim za pečenje.
g) Pecite 20-25 minuta.
h) Kad se ohladi punite limun skutaom.
i) Pospite šećerom u prahu.

52. Praline od lješnjaka

SASTOJCI:
- 1 šalica vode
- ½ šalice neslanog maslaca
- 1 šalica višenamjenskog brašna
- 4 velika jaja
- ¼ žličice soli
- 1 šalica praline paste od lješnjaka
- ¼ šalice nasjeckanih prženih lješnjaka

UPUTE:
a) Zagrijte pećnicu na 425°F (220°C).
b) U loncu zakuhajte vodu, sol i maslac.
c) Umiješajte brašno dok ne dobijete glatko tijesto.
d) Maknite s vatre, pustite da se malo ohladi.
e) Dodajte jedno po jedno jaje, nakon svakog dobro miksajući.
f) Razvaljajte tijesto u male krugove na limu za pečenje.
g) Pecite 20-25 minuta.
h) Puniti praline pastom od lješnjaka.
i) Pospite nasjeckanim prženim lješnjacima.

53. Puffs od borovnice

SASTOJCI:
- 1 šalica vode
- ½ šalice neslanog maslaca
- 1 šalica višenamjenskog brašna
- 4 velika jaja
- ¼ žličice soli
- 1 šalica džema od borovnica
- Šećer u prahu za posipanje

UPUTE:
a) Zagrijte pećnicu na 425°F (220°C).
b) U loncu zakuhajte vodu, sol i maslac.
c) Umiješajte brašno dok ne dobijete glatko tijesto.
d) Maknite s vatre, pustite da se malo ohladi.
e) Dodajte jedno po jedno jaje, nakon svakog dobro miksajući.
f) Spuštajte žličnjake na lim za pečenje.
g) Pecite 20-25 minuta.
h) Kremšnite punite džemom od borovnica.
i) Pospite šećerom u prahu.

54. Puffs od kokosove kreme

SASTOJCI:
- 1 šalica vode
- ½ šalice neslanog maslaca
- 1 šalica višenamjenskog brašna
- 4 velika jaja
- ¼ žličice soli
- 1 šalica slastičarske kreme od kokosa
- Pržene kokosove pahuljice za ukras

UPUTE:
a) Zagrijte pećnicu na 425°F (220°C).
b) U loncu zakuhajte vodu, sol i maslac.
c) Umiješajte brašno dok ne dobijete glatko tijesto.
d) Maknite s vatre, pustite da se malo ohladi.
e) Dodajte jedno po jedno jaje, nakon svakog dobro miksajući.
f) Spuštajte žličnjake na lim za pečenje.
g) Pecite 20-25 minuta.
h) Kremšnite napunite slastičarskom kremom od kokosa i ukrasite prženim lističima kokosa.

55. Espresso umak s vrhnjem

SASTOJCI:
PUFOVI:
- ½ šalice vode
- ¼ šalice slanog maslaca, narezanog
- ½ žličice granuliranog šećera
- ¼ žličice soli
- ½ šalice višenamjenskog brašna
- 3 velika jaja, razdijeljena
- šećer u prahu, za posipanje

MASCARPONE KREMA OD VANILIJE:
- 1 (8 unci) posuda mascarpone sira
- 1 šalica pudinga s okusom vanilije
- 2 žlice šećera u prahu
- 1 žličica ekstrakta vanilije

ČOKOLADA-ESPRESSO UMAK:
- 4 unce gorko-slatke čokolade, nasjeckane
- ½ šalice jakog vrhnja za šlag
- 2 žličice mljevenih zrna za espresso

UPUTE:

a) Zagrijte pećnicu na 400 stupnjeva i obložite lim za pečenje papirom za pečenje. Na pergamentnom papiru nacrtajte šest krugova od 2-¼ inča, razmaknuti ih 2 inča. Preokrenite papir na lim za pečenje i ostavite sa strane.

b) U loncu pomiješajte vodu, maslac, granulirani šećer i sol. Zakuhajte smjesu. Dodajte sve brašno odjednom i kuhajte uz snažno miješanje drvenom kuhačom 2 minute. Maknite s vatre i ostavite da se ohladi 5 minuta. Dodajte 2 jaja, jedno po jedno, dobro umutite drvenom kuhačom nakon svakog dodavanja.

c) Tijestom napunite slastičarsku vrećicu opremljenu običnim vrhom od ½ inča. Izvadite tijesto u spiralama na papir za pečenje, počevši od ruba krugova prema sredini, postupno podižući vrećicu. Kistom premažite preostalo razmućeno jaje preko tijesta, lagano poravnajte površine.

d) Pecite 25 do 30 minuta ili dok oblaci ne porumene i postanu čvrsti. Drvenom čačkalicom izbušite rupe u svakom tijestu kako bi para izašla. Prebacite ih na rešetku da se ohlade.

e) Pripremite mascarpone kremu od vanilije: U srednjoj zdjeli pomiješajte mascarpone sir, šalicu pudinga od vanilije, šećer u prahu i ekstrakt vanilije. Staviti na stranu.

f) Pripremite čokoladno-espresso umak: stavite čokoladu u malu zdjelu otpornu na toplinu i ostavite je sa strane. Pomiješajte vrhnje i zrna espressa u zdjeli prikladnoj za mikrovalnu pećnicu. Pecite u mikrovalnoj pećnici na visokoj razini 1 minutu ili dok ne počne ključati. Procijedite smjesu kroz fino sito postavljeno iznad zdjele s čokoladom kako biste uklonili krutine espressa.

g) Ostavite smjesu čokolade i espressa da odstoji 1 minutu, a zatim je miješajte dok ne postane glatka.

h) Kremšnite prerežite poprečno na pola. Žlicom rasporedite mascarpone kremu od vanilije u donje polovice. Zamijenite vrhove. Prelijte vrhove čokoladno-espresso umakom. Po želji ih dodatno prosijte sa šećerom u prahu.

56.Chai Krema Puffs

SASTOJCI:
ZA PAŠTETU A CHOUX
- 1 šalica vode
- ½ šalice maslaca, narezanog na kockice
- ½ žličice soli
- 1 žlica šećera
- 1 šalica brašna
- 4 jaja

ZA CHAI NADJEV OD ŠLAG VRHNJA
- 1 ½ šalice gustog vrhnja
- ¼ šalice koncentrata čaja
- ¾ šalice otopljenog čipsa bijele čokolade
- Mljeveni cimet

UPUTE:
ZA PATE A CHOUX:
a) Zagrijte pećnicu na 425°F.
b) Lim za pečenje obložite papirom za pečenje i ostavite sa strane. U srednje jakoj tavi na srednjoj vatri pomiješajte vodu, maslac, sol i šećer.
c) Kuhajte dok se maslac ne otopi, a smjesa lagano prokuha. Maknite smjesu s vatre i drvenom kuhačom umiješajte brašno. Smjesu ponovno stavite na vatru i nastavite miješati sve dok se smjesa ne počne odvajati od stijenki posude i dok se ne oblikuje lopta.
d) Maknite s vatre i ostavite smjesu da se ohladi 4-5 minuta. Umiješajte jedno po jedno jaje. Smjesa se može slomiti ili raspasti sa svakim dodavanjem, ali trebala bi se ponovno sjediniti prije dodavanja dodatnog jaja. Vaše pecivo mora biti sjajno i glatke konzistencije.
e) Prebacite ga u vrećicu s velikim okruglim vrhom (kao što je spojnica) i izvucite ga oko 2 inča na lim za pečenje. Koristite malu količinu vode da izravnate vrhove na svakom brežuljku tijesta.
f) Pecite 10 minuta na 425°F, zatim smanjite temperaturu pećnice na 375°F i pecite 15-20 minuta ili dok ne porumene. Ostavite školjke da se potpuno ohlade prije punjenja.

ZA CHAI NADJEV OD ŠLAGA:
g) Provjerite je li sve hladno prije početka, uključujući i zdjelu miksera.
h) U samostojećem mikseru opremljenom nastavkom za pjenjaču mutite čvrsto vrhnje srednjom do velikom brzinom dok se ne stvore čvrsti vrhovi. Umiješajte koncentrat čaja dok se ne sjedini.
i) Ohladite smjesu u hladnjaku dok vam ne zatreba.

ZA SASTAVLJANJE:
j) Napunite vrećicu s velikim okruglim vrhom (kao što je Wilton 12) nadjevom od šlaga.
k) Umetnite vrh vrećice u dno ohlađene krem lisnate kore. U ohlađenu školjku utisnite nadjev dok ne počne lagano curiti.
l) Punjene kremšnite umočite u otopljenu bijelu čokoladu i pospite mljevenim cimetom. Uživati!

57. Pufnice s kremom od badema

SASTOJCI:
- 1 šalica vode
- ½ šalice neslanog maslaca
- 1 šalica višenamjenskog brašna
- 4 velika jaja
- ¼ žličice soli
- 1 šalica kreme od badema
- Narezani bademi za ukras

UPUTE:
a) Zagrijte pećnicu na 425°F (220°C).
b) U loncu zakuhajte vodu, sol i maslac.
c) Umiješajte brašno dok ne dobijete glatko tijesto.
d) Maknite s vatre, pustite da se malo ohladi.
e) Dodajte jedno po jedno jaje, nakon svakog dobro miksajući.
f) Razvaljajte tijesto u male krugove na limu za pečenje.
g) Pecite 20-25 minuta.
h) Savijače punite kremom od badema.
i) Ukrasite narezanim bademima.

EKLERI

58.Mini čokoladni ekleri

SASTOJCI:
- 1 list lisnatog tijesta, odmrznut
- 1 šalica punomasnog mlijeka
- 2 žlice neslanog maslaca
- 2 žlice višenamjenskog brašna
- 2 žlice kakaa u prahu
- 2 žlice granuliranog šećera
- Prstohvat soli
- 2 velika jaja
- 1 šalica gustog vrhnja
- 2 žlice šećera u prahu
- Čokoladni ganache ili otopljena čokolada za preljev (po želji)

UPUTE:
a) Zagrijte pećnicu na 400°F (200°C).
b) Odmrznuto lisnato tijesto razvaljajte i izrežite na male pravokutnike, otprilike 3 inča duge i 1 inč široke.
c) Pravokutnike tijesta stavite na pleh obložen papirom za pečenje.
d) U loncu zagrijte mlijeko i maslac na srednjoj vatri dok se maslac ne rastopi i smjesa ne zakuha.
e) U posebnoj zdjeli pomiješajte brašno, kakao prah, granulirani šećer i sol.
f) Postupno dodajte suhu smjesu u mlijeko koje ključa, neprestano miješajući dok se smjesa ne zgusne i ne odvoji od stijenki posude.
g) Maknite lonac s vatre i ostavite da se malo ohladi.
h) Umutite jaja, jedno po jedno, pazeći da je svako jaje u potpunosti ugrađeno prije dodavanja sljedećeg.
i) Premjestite smjesu u vrećicu s okruglim vrhom.
j) Nanesite smjesu na pripremljene pravokutnike tijesta, oblikujući liniju niz sredinu.
k) Pecite eklere u prethodno zagrijanoj pećnici 15-20 minuta, odnosno dok ne porumene i ne nabubre.
l) Izvadite iz pećnice i ostavite da se potpuno ohlade.
m) U zdjeli za miješanje umutite čvrsto vrhnje i šećer u prahu dok se ne formiraju čvrsti vrhovi.
n) Ohlađene eklere vodoravno prerežite na pola i na donje polovice izlučite ili žlicom rasporedite šlag.
o) Ponovno stavite gornje polovice eklera na kremu.
p) Po želji: prelijte čokoladnim ganacheom ili otopljenom čokoladom za dodatni užitak.
q) Poslužite ove ukusne mini čokoladne eklere kao slatku poslasticu od tijesta.

59. Kolačići i kremni ekleri

SASTOJCI:
ZA CHOUX PECIVO:
- 1 šalica vode
- ½ šalice neslanog maslaca
- 1 šalica višenamjenskog brašna
- ½ žličice soli
- 1 žlica šećera
- 4 velika jaja

ZA NADJEV ZA KOLAČIĆE I KREM:
- 1 ½ šalice gustog vrhnja
- ¼ šalice šećera u prahu
- 1 žličica ekstrakta vanilije
- 10 čokoladnih sendvič kolačića, zdrobljenih

ZA ČOKOLADNI GANACHE:
- 1 šalica poluslatkih komadića čokolade
- ½ šalice gustog vrhnja
- 2 žlice neslanog maslaca

UPUTE:
CHOUX PECIVO:
a) Zagrijte pećnicu na 425°F (220°C). Lim za pečenje obložite papirom za pečenje.
b) U loncu na srednjoj vatri pomiješajte vodu, maslac, sol i šećer. Pustite da prokuha.
c) Maknite s vatre i brzo umiješajte brašno dok ne dobijete tijesto.
d) Vratite posudu na laganu vatru i kuhajte tijesto uz stalno miješanje 1-2 minute da se osuši.
e) Prebacite tijesto u veliku zdjelu za miješanje. Pustite da se ohladi par minuta.
f) Dodajte jaja jedno po jedno, dobro tučeći nakon svakog dodavanja dok tijesto ne postane glatko i sjajno.
g) Premjestite tijesto u vrećicu s velikim okruglim vrhom. Zalijepite trake duge 4 inča na pripremljeni lim za pečenje.
h) Pecite 15 minuta na 425°F, zatim smanjite temperaturu na 375°F (190°C) i pecite dodatnih 20 minuta ili dok ne porumene. Pustiti da se potpuno ohladi.

KOLAČIĆI I NADJEV OD KREMA:
i) U zdjeli za miješanje umutite čvrsto vrhnje dok ne dobijete meke vrhove.
j) Dodajte šećer u prahu i ekstrakt vanilije. Nastavite mutiti dok se ne formiraju čvrsti vrhovi.
k) Lagano umiješajte izlomljene čokoladne sendvič kekse.

ČOKOLADNI GANACHE:
l) Stavite komadiće čokolade u zdjelu otpornu na toplinu.
m) U loncu zagrijte vrhnje dok samo ne počne kuhati.
n) Vruće vrhnje prelijte preko čokolade i ostavite da odstoji minutu.
o) Miješajte dok ne postane glatko, zatim dodajte maslac i miješajte dok se ne otopi.

SKUPŠTINA:
p) Svaki ohlađeni eclair vodoravno prerežite na pola.
q) Na donju polovicu svakog eklera žlicom ili cijedom stavljajte kolačiće i nadjev od kreme.
r) Gornju polovicu eklera stavite na nadjev.
s) Vrh svakog eklera umočite u čokoladni ganache ili žlicom prelijte ganache po vrhu.
t) Ostavite ganache nekoliko minuta da se stegne.
u) Po želji po vrhu pospite još mljevenih kolačića za ukras.
v) Poslužite i uživajte u prekrasnoj kombinaciji kremastog punjenja i bogatog čokoladnog ganachea u svakom kolačiću i kremastom kremu!

60. Eclairs od čokolade i lješnjaka

SASTOJCI:
ZA CHOUX PECIVO:
- 1 šalica vode
- ½ šalice neslanog maslaca
- 1 šalica višenamjenskog brašna
- 4 velika jaja

ZA NADJEV:
- 2 šalice slastičarske kreme
- ½ šalice Nutelle (namaz od lješnjaka)

ZA GANACHE OD ČOKOLADE I LJEŠNJAKA:
- 1 šalica tamne čokolade, nasjeckane
- ½ šalice gustog vrhnja
- ¼ šalice nasjeckanih lješnjaka (za ukras)

UPUTE:
CHOUX PECIVO:
a) U loncu pomiješajte vodu i maslac. Pustite da prokuha.
b) Dodajte brašno i snažno miješajte dok se smjesa ne oblikuje u kuglu. Maknite s vatre.
c) Pustite da se tijesto malo ohladi, a zatim dodajte jedno po jedno jaje, dobro miješajući nakon svakog dodavanja.
d) Prebacite tijesto u vrećicu za pečenje i izvucite eklere na lim za pečenje.
e) Pecite u prethodno zagrijanoj pećnici na 375°F (190°C) 25-30 minuta ili dok ne porumene.

PUNJENJE:
f) Kad se ekleri ohlade, vodoravno ih prerežite na pola.
g) Nutellu umiješajte u slastičarsku kremu dok se dobro ne sjedini.
h) Napunite svaki eclair nadjevom od čokolade i lješnjaka koristeći vrećicu ili žlicu.

GANACHE OD ČOKOLADE I LJEŠNJAKA:
i) Zagrijte vrhnje u loncu dok ne počne kuhati.
j) Vruće vrhnje prelijte preko nasjeckane tamne čokolade. Pustite da odstoji minutu, a zatim miješajte dok ne postane glatko.
k) Umočite vrh svakog eklera u ganache od čokolade i lješnjaka, osiguravajući ravnomjeran premaz.
l) Po vrhu pospite nasjeckane lješnjake za ukras.
m) Ostavite ganache da se stegne oko 15 minuta prije posluživanja.
n) Uživajte u svojim dekadentnim eklerima s čokoladom i lješnjakom!

61.naranča Ekleri

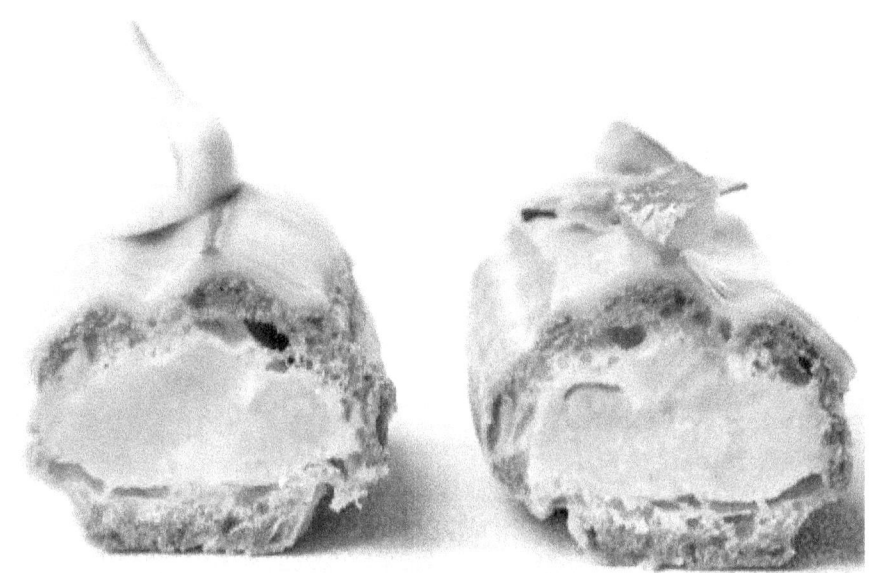

SASTOJCI:
EKLERI:
- 3 žlice 70% namaza od mlaćenice i biljnog ulja
- ¼ žličice soli
- ¾ šalice višenamjenskog brašna
- 2 jaja
- 1 bjelanjak

SLASTIČARSKA KREMA:
- ⅔ šalice 1% mlijeka s niskim udjelom masnoće
- 3 žlice šećera
- 4 žličice višenamjenskog brašna
- 2 žličice kukuruznog škroba
- ⅛ žličice soli
- 1 žumanjak
- 1 žličica namaza od 70% mlaćenice i biljnog ulja
- 2 žličice ribane narančine korice
- 1 žličica ekstrakta naranče
- ½ žličice vanilije
- 12 šalica smrznutog nemasnog tučenog preljeva bez mliječnih proizvoda, odmrznutog

ČOKOLADNA GLAZURA:
- ¼ šalice nemasnog zaslađenog kondenziranog mlijeka
- 2 žlice nezaslađenog kakaa u prahu
- 2-4 žličice vode (po potrebi)

UPUTE:
EKLERI:
a) U malom loncu pomiješajte namaz od biljnog ulja, sol i ¾ šalice vode. Pustite da prokuha. Maknite s vatre.
b) Dodajte sve brašno odjednom i brzo miješajte drvenom kuhačom dok se smjesa ne sjedini u kuglu.
c) Stavite lonac na laganu vatru 3-4 minute da se tijesto osuši, neprestano miješajući drvenom kuhačom. Tijesto treba biti mekano i ne ljepljivo.
d) Premjestite tijesto u procesor hrane ili veliku zdjelu snažnog električnog miksera. Ohladite 5 minuta.

e) Dodajte jaja i bjelanjak, jedno po jedno, miksajući dok ne bude potpuno glatko nakon svakog dodavanja.
f) Premažite lim za pečenje neljepljivim sprejem. Tijestom napunite veliku slastičarsku vrećicu (bez vrha). Istisnite 8 eklera, svaki promjera 1" i duljine 4" na lim za pečenje. Pustite ih da odstoje baroviem 10 minuta da se osuše.
g) Zagrijte pećnicu na 375°F. Pecite 35-40 minuta ili dok ne poprimi zlatnu boju i ispeče se do kraja. Prebacite na rešetku da se ohladi.

SLASTIČARSKA KREMA:
h) U malom loncu pomiješajte mlijeko, šećer, brašno, kukuruzni škrob i sol dok se ne sjedine.
i) Kuhajte na srednjoj vatri uz stalno miješanje dok smjesa ne zakipi i ne zgusne se 4-5 minuta.
j) Maknite s vatre. U manjoj posudi lagano umutiti žumanjak. Postupno umiješajte oko ¼ šalice mješavine vrućeg mlijeka.
k) Umutite smjesu žumanjaka natrag u smjesu mlijeka u tavi. Vratite tavu na srednje nisku vatru i miješajte smjesu dok ne počne ključati oko 30 sekundi. Maknite s vatre.
l) Umiješajte namaz od biljnog ulja, koricu i ekstrakte naranče i vanilije dok se smjesa ne postane glatka i otopi. Premjestite u zdjelu.
m) Pritisnite plastičnu foliju izravno na površinu. Ohladite na sobnoj temperaturi, zatim dobro ohladite u hladnjaku, oko 2 sata.
n) Dodati umućeni preljev. Stavite u hladnjak dok ne budete spremni za sastavljanje.

SASTAVLJANJE EKLERA:
o) Svaki eclair prerežite po dužini na pola.
p) Na dno svakog eklera žlicom stavite oko 3 žlice slastičarske kreme. Zamijenite vrhove.

ČOKOLADNA GLAZURA:
q) U malom loncu pomiješajte kondenzirano mlijeko i kakao prah.
r) Zagrijte na laganoj vatri, neprestano miješajući, dok smjesa ne zabubri i ne zgusne se, 1-2 minute.
s) Rasporedite po vrhovima eklera. Ako je glazura pregusta, razrijedite sa 2-4 žlice vode.
t) Poslužite odmah i uživajte u ovim ukusnim Éclairs à l'Orange!

62.Ekleri od marakuje

SASTOJCI:
ZA EKLERE:
- ½ šalice neslanog maslaca
- 1 šalica vode
- 1 šalica višenamjenskog brašna
- ¼ žličice košer soli
- 4 jaja

ZA KREMU OD MARAKUJE:
- 6 marakuje (u soku)
- 5 žumanjaka
- ⅓ šalice kukuruznog škroba
- ¼ žličice košer soli
- ⅔ šalice granuliranog šećera
- 2 šalice punomasnog mlijeka
- 1 žlica maslaca

UPUTE:
ZA EKLERE:
a) Zagrijte pećnicu na 425°F.
b) U velikom loncu na štednjaku zakuhajte vodu i maslac.
c) Umiješajte sol, a nakon što se otopi dodajte brašno, miješajte dok se ne napravi želatinasta kugla.
d) Vruće tijesto prebacite u zdjelu za miješanje i ostavite da se ohladi 2 minute.
e) Dodajte jedno po jedno jaje, miješajući dok se potpuno ne sjedini.
f) Premjestite tijesto u vrećicu za pipanje.
g) Na lim za pečenje obložen papirom za pečenje izvucite 3 inča dugačke cijevi tijesta.
h) Pecite dok ne porumene, otprilike 20-25 minuta.
i) Ostavite eklere da se ohlade, a zatim ih prepolovite, stavljajući nadjev između polovica ili upotrijebite slastičarsku vrećicu za ubacivanje nadjeva unutra.

ZA KREMU OD MARAKUJE:
j) Iscijedite sok od marakuje, procijedite da uklonite sjemenke.
k) U zdjeli pomiješajte žumanjke, kukuruzni škrob, sol i šećer.
l) Postupno dodavajte vruće mlijeko u smjesu jaja uz stalno miješanje kako biste spriječili miješanje.
m) Smjesu izlijte natrag u lonac i zagrijavajte na srednjoj vatri dok se ne zgusne kao puding.
n) Maknite s vatre, dodajte sok od marakuje i maslac u vruću slastičarsku kremu, miješajući dok se potpuno ne sjedini.
o) Ostavite slastičarsku kremu da se ohladi na sobnoj temperaturi, a zatim je ostavite u hladnjaku pokrivenu plastičnom folijom do 3 dana.
p) Kada ste spremni za sastavljanje, ohlađenu slastičarsku kremu prebacite u slastičarsku vrećicu, narežite eclair i napunite unutrašnjost kremom.

63.éclairs od cjelovitog zrna pšenice

SASTOJCI:
CHOUX PECIVO:
- ½ šalice vode
- ¼ šalice neslanog maslaca
- Prstohvat soli
- ¼ šalice višenamjenskog brašna
- ¼ šalice integralnog pšeničnog brašna
- 2 komada cijela jaja

PUNJENJE:
- 1 šalica nemasnog mlijeka – ili nemliječnog mlijeka od orašastih plodova
- 2 žlice mješavine stevia šećera
- 1 komad žumanjka
- 2 žlice kukuruznog škroba
- Prstohvat soli
- 1 žličica vanilije
- ½ šalice vrhnja za šlag
- Svježe voće za preljev

UPUTE:
a) Zagrijte pećnicu na 375 °F/190 Namastite i obložite jedan lim za kekse.
b) U loncu pomiješajte vodu, maslac i sol. Zagrijte dok se maslac ne rastopi i voda ne zavrije. Smanjite toplinu. Dodajte brašno i snažno miješajte dok smjesa ne napusti stijenke posude. Maknite s vatre i malo ohladite. Drvenom žlicom; tucite jedno po jedno jaje dok ne postane glatko.
c) Nastavite tući dok smjesa ne postane vrlo glatka i sjajna. Smjesu prebacite u slastičarsku vrećicu. Izvucite trake duge oko 3 inča i razmaknute 2 inča. Pecite na 375F 30-45 minuta; nastavite peći dok éclairs ne porumene i potpuno se osuše. Ohladite na rešetkama.

PRIPREMITE KREMNI NADJEV:
d) U loncu pomiješajte šećer, kukuruzni škrob, sol, mlijeko i žumanjke. Kuhajte na srednje laganoj vatri uz stalno miješanje dok se smjesa ne zgusne. Maknite s vatre. Umiješajte vaniliju. Stavite u hladnjak da se ohladi.
e) Kad se krema ohladi, pažljivo umiješajte tučeno slatko vrhnje. Stavite na vrećicu za cijevi.

ZA SASTAVLJANJE:
f) Peciva punite nadjevom od kreme i ukrasite svježim voćem.
g) Poslužiti.

64.Ekleri od marakuje i malina

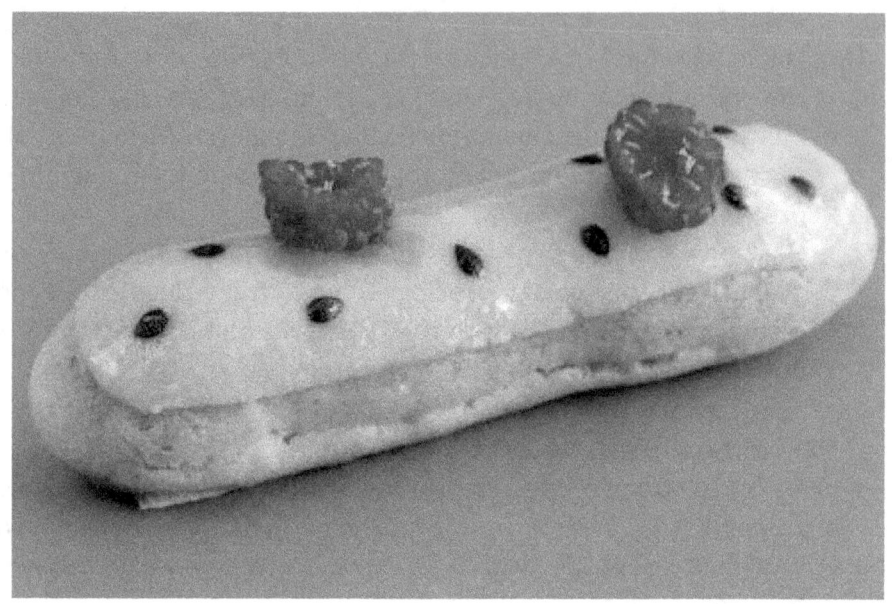

SASTOJCI:
ZA NEUTRALNU GLAZURU:
- 125 g vode
- 5 g NH pektina (1 žličica)
- 30 g granuliranog šećera
- 100 g granuliranog šećera
- 8 g glukoznog sirupa

ZA KREMU OD MARAKUJE:
- 75 g soka od marakuje (oko 7 plodova)
- 10 g soka od limuna
- 1 g želatine
- 105 g jaja (~2)
- 85 g granuliranog šećera
- 155 g maslaca (sobne temperature)

ZA CONFIT OD MALINA:
- 60 g granuliranog šećera
- 4g pektina (skoro žličica)
- 90 g soka od malina
- 30 g glukoznog sirupa
- 20 g soka od limuna

ZA CHOUX PECIVO:
- 85 g mlijeka
- 85 g vode
- 1 prstohvat soli
- 85 g neslanog maslaca
- 85 g brašna za kruh
- 148 g jaja
- 3 g šećera
- 1 ekstrakt vanilije

UKRAS:
- 100g paste od badema (sa 50% badema)
- Žuta boja (po potrebi)
- Narančasta boja (po potrebi)
- Zlatni sjaj za hranu (po izboru)
- 20 svježih malina

UPUTE:

ZA NEUTRALNU GLAZURU:
a) Pomiješajte 30 g šećera s pektinom.
b) U loncu zagrijte vodu, dodajte šećer i pektin uz stalno miješanje.
c) Dodajte preostali šećer i glukozu uz stalno miješanje i pustite da zavrije.
d) Procijedite smjesu i ostavite u hladnjaku najmanje 24 sata prije upotrebe.

ZA KREMU OD MARAKUJE:
e) Prerežite marakuju na dva dijela, izvadite pulpu i procijedite da dobijete sok.
f) Pustite da želatina nabuja u soku od marakuje 5 minuta.
g) Pomiješajte sok od marakuje, sok od limuna, šećer i jaja u zdjeli iznad kipuće vode, miješajući dok se ne zgusne.
h) Kremu brzo ohladite na 45°C, zatim u dva navrata dodajte maslac narezan na kockice, miješajući uronjenom miješalicom. Ohladiti u vrećici za cijeđenje.

ZA CONFIT OD MALINA:
i) Pomiješajte i procijedite svježe maline kako biste uklonili sjemenke (ukupna težina nakon ovog koraka trebala bi biti 90 g).
j) Skuhajte sok od malina, pomiješajte šećer i pektin, dodajte malinama i prokuhajte. Hladiti dok ne zatreba.

ZA CHOUX PECIVO:
k) U loncu zakuhajte mlijeko, vodu, sol i maslac. Pazite da se maslac potpuno otopi.
l) Maknite s vatre, dodajte brašno, promiješajte i vratite posudu na vatru, miješajući dok se tijesto ne odvoji od stijenki i ostavi tanki sloj na dnu.
m) Prebacite tijesto u zdjelu, ostavite da se ohladi i dodajte jedno po jedno jaje dok ne postane sjajno, ali čvrsto. Na podmazan ili papirom za pečenje obložen pleh izrežite trake od 11 cm.
n) Zagrijte pećnicu na 250°C, ugasite je i ostavite pleh unutra 12-16 minuta. Zagrijte pećnicu na 160°C i pecite još 25-30 minuta.

SASTAVLJANJE EKLERA:
o) Na dnu pečenih éclair-a vrhom noža napravite tri rupe.

p) Eklere napunite malom količinom confita od malina, a zatim ih napunite kremom od marakuje.
q) Pastu od badema obradite bojom da dobijete toplu žutu boju, izrežite je u obliku éclaira.
r) Zagrijte 120g neutralne glazure dok ne postane tekuća (ne više od 40°C).
s) Premažite vrh éclairs neutralnom glazurom, a na vrh zalijepite tijesto od badema.
t) Preostaloj glazuri dodajte zlatne svjetlucave glazure, na vrh glazurirajte pastu od badema, zatim dodajte narezane maline i malo preostalog confita od malina.

65. Cappuccino éclairs

SASTOJCI:
- 1 serija domaćih ili kupovnih ljuski za eklere
- 1 šalica gustog vrhnja
- 2 žlice granula instant kave
- ¼ šalice šećera u prahu
- ½ žličice ekstrakta vanilije
- ¼ šalice kakaa u prahu (za posipanje)

UPUTE:
a) Pripremite kore za eklere prema receptu ili uputama na pakiranju i ostavite ih da se ohlade.
b) U maloj posudi otopite granule instant kave u nekoliko žlica vruće vode. Ostavite da se ohladi.
c) U posebnoj zdjeli umutite čvrsto vrhnje, šećer u prahu i ekstrakt vanilije dok se ne stvore čvrsti vrhovi.
d) Nježno umiješajte smjesu kave u šlag.
e) Prerežite svaku koru za eklere vodoravno na pola i napunite ih šlagom s okusom kave.
f) Pospite vrhove eklera kakaom u prahu.
g) Poslužite i uživajte u domaćim cappuccino eklerima!

66.Eclairs od pistacija i limuna

SASTOJCI:

ZA KANDIRANI LIMUN (PO OPCIJI):
- 10 sunquata (mini limuna)
- 2 šalice vode
- 2 šalice šećera

ZA PASTE OD PISTACIJA:
- 60 g pistacija bez ljuske (nepečenih)
- 10 g ulja sjemenki grožđa

ZA KREMU OD PISTACIJA-LIMUNA MOUSSELINE:
- 500 g mlijeka
- Korica od 2 limuna
- 120 g žumanjka
- 120 g šećera
- 40 g kukuruznog škroba
- 30 g paste od pistacija (ili 45 g ako je kupovna)
- 120 g omekšalog maslaca (narezanog na kockice)

ZA MARCIPAN OD PISTACIJA:
- 200 g marcipana
- 15 g paste od pistacija
- Zelena prehrambena boja (gel)
- Malo šećera u prahu

ZA CHOUX PECIVO:
- 125 g maslaca
- 125 g mlijeka
- 125 g vode
- 5 g šećera
- 5 g soli
- 140 g brašna
- 220 g jaja

ZA GLAZURU:
- 200 g nappage neutre (neutralna žele glazura)
- 100 g vode
- Zelena prehrambena boja (gel)

ZA DEKORACIJU:
- Mljevene pistacije

UPUTE:
KANDIRANI LIMUN (PO OPCIJI):
a) Pripremite ledenu kupku (lonac s vodom i ledom) i ostavite je sa strane.
b) Oštrim nožem izrežite tanke kriške limuna. Odbacite sjemenke.
c) U drugom loncu zakuhajte vodu. Maknite s vatre i odmah dodajte kriške limuna u vruću vodu. Miksajte dok kriške ne omekšaju (oko minute).
d) Izlijte vruću vodu kroz sito, a zatim stavite kriške limuna u ledenu kupelj na sekundu. Pomoću sita izlijte ledenu vodu.
e) U velikom loncu na jakoj vatri pomiješajte vodu i šećer. Miješajte dok se šećer ne rastopi pa pustite da zavrije.
f) Smanjite vatru na srednju i hvataljkama stavite kriške limuna u vodu tako da plutaju. Kuhajte na laganoj vatri dok kora ne postane prozirna, oko 1½ sat.
g) Izvadite limun pomoću hvataljki i stavite ih na rešetku za hlađenje. Ispod rešetke za hlađenje stavite komad papira za pečenje da skupi sirup koji kaplje s kriški limuna.

PASTA OD PISTACIJA:
h) Zagrijte pećnicu na 160°C (320°F).
i) Pecite pistacije na limu za pečenje oko 7 minuta dok malo ne porumene. Neka se ohlade.
j) Ohlađene pistacije sameljite u sitnu sjeckalicu u prah. Dodajte ulje i ponovno meljite dok ne postane pasta. Čuvati u hladnjaku do upotrebe.
k) Mousseline krema od pistacija i limuna:
l) Zakuhajte mlijeko. Ugasite vatru, dodajte koricu limuna, poklopite i ostavite da odstoji 10 minuta.
m) U zdjeli pomiješajte žumanjke i šećer. Odmah umutiti, zatim dodati kukuruzni škrob i opet umutiti.
n) Dodajte toplo mlijeko uz mućenje. Smjesu izlijte kroz sito u čistu tavu za umake, bacite koricu limuna koja je ostala u situ.
o) Zagrijte na srednjoj vatri i mutite dok se smjesa ne zgusne i postane kremasta. Maknite s vatre.

p) Premjestite kremu u zdjelu u kojoj se nalazi pasta od pistacija. Umutiti dok se ne ujednači. Pokrijte plastičnom folijom da se ne stvori korica i ohladite.
q) Kad se krema zagrije na 40°C (104°F), postupno dodajte omekšali maslac i dobro promiješajte. Pokrijte plastičnom folijom i ohladite.

CHOUX PECIVO:
r) Prosijte brašno i ostavite ga sa strane.
s) U lonac dodajte maslac, mlijeko, vodu, šećer i sol. Zagrijte na srednje jakoj dok se maslac ne rastopi i smjesa ne zavrije.
t) Maknite s vatre, odmah dodajte brašno i sve dobro miješajte dok ne dobijete jednoličnu smjesu nalik na pire krumpir. Ovo je mješavina za panade.
u) Sušite panadu otprilike minutu na laganoj vatri, miješajući lopaticom, sve dok se ne počne povlačiti sa stijenki posude i zgušnjava.
v) Prebacite panadu u zdjelu za miješanje i malo je ohladite. U posebnoj zdjeli umutite jaja i postupno ih dodajte u mikser, čekajući da se svaki dodatak sjedini prije dodavanja još.
w) Miješajte malom do srednjom brzinom dok smjesa ne postane glatka, sjajna i stabilna.
x) Zagrijte pećnicu na 250°C (480°F). Pleh obložite papirom za pečenje ili tankim slojem maslaca.
y) Trake tijesta dužine 12 cm izvaljajte na pleh. Tijekom pečenja ne otvarajte vrata pećnice.
z) Nakon 15 minuta malo otvorite vrata pećnice (oko 1 cm) da izađe para. Zatvorite i postavite temperaturu na 170°C (340°F). Pecite 20-25 minuta dok ekleri ne porumene.
aa) Ponovite s preostalim tijestom.

MARCIPAN OD PISTACIJA:
bb) Marcipan narežite na kockice i miješajte mješalicom dok ne postane mekan i jednoličan. Dodajte pastu od pistacija i zelenu prehrambenu boju (po želji) i miksajte dok se smjesa ne ujednači.
cc) Marcipan razvaljajte na 2 mm debljine i izrežite trake koje će odgovarati eklerima.

SKUPŠTINA:
dd) Izrežite dvije male rupice na dnu svakog éclaira.

ee) Kroz rupe napunite svaki éclair kremom od pistacija i limuna.
ff) Premažite malo glazure na jednu stranu svake trake od marcipana i pričvrstite je na éclairs.
gg) Umočite svaki éclair u glazuru, pustite da višak glazure opadne.
hh) Ukrasite kandiranim kriškama limuna ili nasjeckanim pistaćima.
ii) Stavite u hladnjak do posluživanja.

67. glazirani od javora preliveni orasima

SASTOJCI:
EKLER ŠKOLJKE:
- ½ šalice mlijeka
- ½ šalice vode
- 2 žlice bijelog granuliranog šećera
- ¼ žličice soli (smanjite na prstohvat ako koristite slani maslac)
- ½ šalice neslanog maslaca
- ½ žličice ekstrakta vanilije
- 1 ¼ šalice višenamjenskog brašna, žlicom i poravnato
- 4 velika jaja

GLAZURA:
- ⅔ šalice glazure/poslastičarskog šećera
- 3 žlice javorovog sirupa

PRELJEV:
- ½ šalice nasjeckanih oraha ili pekan oraha
- Posipanje solju fleur de sel

MASCARPONE ŠLAG:
- 1 šalica mascarponea
- ⅔ šalice jakog vrhnja za šlag
- ¼ šalice bijelog šećera
- 2 žlice javorovog sirupa

UPUTE:
ZA ECLAIR ŠKOLJKE:
a) Zagrijte pećnicu na 450°F s rešetkama u gornjoj i donjoj trećini. Dva lima za pečenje obložite papirom za pečenje.
b) U srednje jakoj tavi na srednjoj vatri pomiješajte mlijeko, vodu, šećer, sol i maslac. Smjesu zakuhajte, umiješajte vaniliju i odjednom dodajte brašno. Miješajte dok se smjesa ne odlijepi od zidova lonca.
c) Smanjite vatru na najnižu i nastavite kuhati, neprestano miješajući, oko 3 minute da uklonite vlagu. Maknite s vatre i prebacite u zdjelu za miješanje ili zdjelu samostojećeg miksera.
d) Miješajte 2-3 minute da se smjesa ohladi. Dodajte jedno po jedno jaje, dobro umutite nakon svakog dodavanja. Premjestite smjesu u vrećicu i ostavite da odstoji 20 minuta.
e) Izlupajte tijesto u cjepanice dugačke oko 5-6 inča i široke 1 inč, ostavljajući jednak razmak između njih. Pazite da ne budu pretanke jer im je potrebna debljina za kasnije rezanje.
f) Stavite u prethodno zagrijanu pećnicu i ODMAH SMANJITE TOPLINU NA 350°F. Pecite 35-40 minuta dok ne porumene, ne napuhnu i ne postanu hrskave. Ohladite na rešetki.

ZA GLAZURU:
g) Prije glaziranja, izrežite eklere skoro do kraja, ostavljajući "šarku" na jednoj strani. U maloj zdjeli pomiješajte šećer u prahu s javorovim sirupom dok ne postane glazura.
h) Premažite glazurom vrh eklera i odmah pospite nasjeckanim orasima i po želji prstohvatom soli. Ostavite na sobnoj temperaturi dok se glazura ne stegne.

ZA NADJEV:
i) U velikoj zdjeli ili zdjeli samostojećeg miksera opremljenog pjenjačom za mućenje pomiješajte mascarpone, vrhnje za šlag, šećer i javorov sirup.
j) Mutite dok se smjesa ne zgusne do gustoće. Stavite u vrećicu i napunite svaki eclair. (Nadjev se može napraviti unaprijed, poklopiti, ohladiti i staviti bliže posluživanju.)
k) Punjeni ekleri stoje dobro otvoreni u hladnjaku veći dio dana.

KROASANI

68. Mini kroasani s bademima

SASTOJCI:
- 6 mini kroasana
- ½ šalice paste od badema
- ¼ šalice neslanog maslaca, omekšalog
- ¼ šalice šećera u prahu
- ½ žličice ekstrakta badema
- Narezani bademi za preljev
- Šećer u prahu za posipanje (po želji)

UPUTE:
a) Zagrijte pećnicu na 350°F (175°C).
b) Mini kroasane prepolovite po dužini.
c) U zdjeli pomiješajte pastu od badema, omekšali maslac, šećer u prahu i ekstrakt badema dok se dobro ne sjedine i postanu glatke.
d) Na donju polovicu svakog kroasana rasporedite veliku količinu smjese od bademove paste.
e) Stavite gornju polovicu kroasana natrag na nadjev.
f) Po vrhu svakog kroasana pospite narezane bademe.
g) Kroasane stavite na pleh obložen papirom za pečenje.
h) Pecite u prethodno zagrijanoj pećnici 10-12 minuta, ili dok kroasani ne porumene i postanu hrskavi.
i) Izvadite iz pećnice i ostavite da se malo ohlade.
j) Po želji posuti šećerom u prahu.
k) Poslužite ove prekrasne mini kroasane s bademima kao ukusnu i orašastu poslasticu od tijesta.

69.Kroasani s ružičastom ružom i pistacijama

SASTOJCI:
- 1 šalica punomasnog mlijeka
- ¾ šalice tople vode
- 2 (4-½ žličice) omotnice kvasca
- 4 šalice višenamjenskog brašna
- 1 ¼ šalice neslanog maslaca, hladnog
- 4 žlice šećera
- 2 žličice morske soli
- 1 jaje
- Prstohvat soli
- Ružičasti slatkiš se topi
- 1 šalica nasjeckanih pistacija
- 1 šalica liofiliziranih malina

UPUTE:
KROASANI:
a) Pomiješajte vodu i mlijeko, zagrijte na 100°-110°F. Ulijte ¼ šalice u malu posudu i otopite kvasac, ostavite stajati 5 minuta ili dok se ne zapjeni.

b) U velikoj zdjeli pomiješajte brašno i ¼ šalice maslaca vilicom, mikserom za tijesto ili kuhačom za tijesto. Miješajte dok smjesa ne podsjeća na prezle. Umiješajte šećer i sol.

c) U sredini brašna napravite udubinu i ulijte kvasac te preostalo mlijeko i vodu. Dobro izmiješajte da dobijete tijesto, mijesite ga na lagano pobrašnjenoj površini dok ne postane glatko, oko 6 minuta. Vratite u zdjelu, pokrijte plastičnom folijom i ostavite 20 minuta.

d) Dva lima za pečenje obložite papirom za pečenje; oni će biti potrebni za korake hlađenja tijesta.

e) Stavite preostali maslac između 2 lista voštanog ili pergamentnog papira i izravnajte valjkom za tijesto dok ne bude ravan i približno 7" x 7" kvadrata, ohladite dok ne budete spremni za upotrebu.

f) Okrenite tijesto na lagano pobrašnjenu površinu i razvaljajte ga u kvadrat veličine 10" x 10".

g) Stavite spljošteni kvadrat maslaca na vrh tijesta, zarotirajte u oblik dijamanta (kutovi maslaca usmjereni su prema ravnim stranama tijesta) i presavijte izložene kutove tijesta preko maslaca da spoje sredinu poput omotnice, nježno stisnuvši rubovi zajedno. Pazite da se tijesto ne preklapa, samo spojite rubove. Ohladite 20 minuta.

h) Počnite valjati tijesto od sredine prema van, stvarajući pravokutnik 24" dugačak i 10" širok. Nastojte da strane i kutovi budu ravni i četvrtasti. Presavijte na trećine, dok idete četkom uklonite višak brašna, stavite lijevu trećinu na srednju trećinu, a zatim desnu trećinu preklopite preko hrpe, ostaje vam pravokutnik 10" x 8". Pokrijte plastičnom folijom i ohladite 20 minuta.

i) Okrenite pravokutnik vodoravno i razvaljajte ga na 24" x 10" i ponovno ga presavijte na trećine, ohladite još 20 minuta.

j) Zatim razvaljajte pravokutnik na 24" x 16", prerežite dužu stranu tijesta na pola, tako da imate dva komada 12" x 16", stavite jedan na drugi, poravnajte odrezane rubove, prekrijte plastičnom folijom, i ohladite u hladnjaku 20 minuta.

k) Svaki dio razvaljajte na 20" x 12", prerežite na pola po dužini tako da imate dva dijela 20" dužine x 6" širine, pokrijte i ohladite još 10 minuta.

l) Počevši od prvog dijela, razvaljajte tijesto 30" u dužinu i 8" u širinu. Napravite trokute pomoću ravnala, izmjerite korake od 5 inča duž dugog ruba, režući mali prorez u svakom intervalu.

m) Na suprotnoj strani učinite isto, počevši s urezima u sredini ostalih oznaka kako biste stvorili "točku" na svom trokutu. Rezačem za pizzu spojite sve oznake tako da vam ostane 11 trokuta, plus dvije polovice, koje možete pritisnuti zajedno da napravite još jedan trokut, ukupno 12.

n) Jedan po jedan, čvrsto zarolajte svaki trokut od baze prema vrhu, otklanjajući sav višak brašna dok idete. Stavite na lim za pečenje u 3 reda po 4 ravnomjerno raspoređene, vrhove ugurane ispod, i ostavite da se dižu na toplom mjestu dok se ne udvostruče u veličini, ili oko jedan sat. Ponovite postupak za drugi komad tijesta.

o) Zagrijte pećnicu na 350°F ili pecite konvekcijom na 325°F. U maloj zdjeli umutite jaje s prstohvatom soli, namažite kroasane tijestom od jaja i pecite 20-25 minuta ili dok ne porumene.

PORINUĆE:

p) Otopite ružičaste bombone prema uputama na pakiranju.

q) Grubo nasjeckajte 1 šalicu pistacija i ostavite sa strane.

r) Grubo izmrvite 1 šalicu liofiliziranih malina i ostavite sa strane.

s) Umočite polovicu svakog kroasana u rastopljeni ružičasti slatkiš i stavite ga na rešetku.

t) Odmah pospite nasjeckane pistacije ili zgnječene liofilizirane maline preko umočene polovice kroasana i nježno ih utisnite u mokru otopljenu bombonu.

u) Ponovite postupak umakanja i prskanja za preostale kroasane.

v) Pustite da se slatkiši otope prije posluživanja, otprilike 15 minuta.

70. Medeni kroasani od lavande

SASTOJCI:
- Osnovno tijesto za kroasane
- ¼ šalice meda
- 1 žlica sušene kulinarske lavande
- 1 jaje umućeno sa 1 žlicom vode

UPUTE:

a) Tijesto za kroasan razvaljajte u veliki pravokutnik.

b) Tijesto izrežite na trokute.

c) U maloj posudi pomiješajte med i lavandu.

d) Donju polovicu svakog kroasana namažite tankim slojem meda od lavande.

e) Vratite gornju polovicu kroasana i nježno pritisnite prema dolje.

f) Položite kroasane na lim za pečenje obložen papirom za pečenje, namažite ih jajima i ostavite da se dižu 1 sat.

g) Zagrijte pećnicu na 400°F (200°C) i pecite kroasane 20-25 minuta dok ne porumene.

71. Kroasani s laticama ruže

SASTOJCI:
- Osnovno tijesto za kroasane
- ¼ šalice suhih latica ruže
- ¼ šalice šećera
- 1 jaje umućeno sa 1 žlicom vode

UPUTE:

a) Tijesto za kroasan razvaljajte u veliki pravokutnik.

b) Tijesto izrežite na trokute.

c) U zdjeli za miješanje pomiješajte osušene latice ruže i šećer.

d) Pospite mješavinu latica ruže na donju polovicu svakog kroasana.

e) Vratite gornju polovicu kroasana i nježno pritisnite prema dolje.

f) Položite kroasane na lim za pečenje obložen papirom za pečenje, namažite ih jajima i ostavite da se dižu 1 sat.

g) Zagrijte pećnicu na 400°F (200°C) i pecite kroasane 20-25 minuta dok ne porumene.

72.Kroasani s cvijetom naranče

SASTOJCI:
- Osnovno tijesto za kroasane
- ¼ šalice vode od naranč inog cvijeta
- ¼ šalice šeć era
- 1 jaje umuć eno sa 1 žlicom vode

UPUTE:
a) Tijesto za kroasan razvaljajte u veliki pravokutnik.
b) Tijesto izrežite na trokute.
c) U maloj posudi pomiješajte vodu s cvijetom naranč e i šeć er.
d) Na donju polovicu svakog kroasana rasporedite tanak sloj mješavine cvjetova naranč e.
e) Vratite gornju polovicu kroasana i nježno pritisnite prema dolje.
f) Položite kroasane na lim za peč enje obložen papirom za peč enje, namažite ih jajima i ostavite da se dižu 1 sat.
g) Zagrijte peć nicu na 400°F (200°C) i pecite kroasane 20-25 minuta dok ne porumene.

73. Kroasani od hibiskusa

SASTOJCI:
- Osnovno tijesto za kroasane
- ¼ šalice suhih cvjetova hibiskusa
- ¼ šalice šećera
- 1 jaje umućeno sa 1 žlicom vode

UPUTE:
a) Tijesto za kroasan razvaljajte u veliki pravokutnik.
b) Tijesto izrežite na trokute.
c) U zdjeli za miješanje pomiješajte osušene cvjetove hibiskusa i šećer.
d) Pospite smjesu šećera hibiskusa na donju polovicu svakog kroasana.
e) Vratite gornju polovicu kroasana i nježno pritisnite prema dolje.
f) Položite kroasane na lim za pečenje obložen papirom za pečenje, namažite ih jajima i ostavite da se dižu 1 sat.
g) Zagrijte pećnicu na 400°F (200°C) i pecite kroasane 20-25 minuta dok ne porumene.

74. Kroasani od borovnice

SASTOJCI:
- Osnovno tijesto za kroasane
- 1 šalica svježih borovnica
- ¼ šalice granuliranog šećera
- 1 žlica kukuruznog škroba
- 1 jaje umućeno sa 1 žlicom vode

UPUTE:
a) Tijesto za kroasan razvaljajte u veliki pravokutnik.
b) U maloj posudi pomiješajte borovnice, šećer i kukuruzni škrob.
c) Smjesu borovnica ravnomjerno rasporedite po površini tijesta.
d) Tijesto izrežite na trokute.
e) Svaki trokut zarolajte u oblik kroasana.
f) Položite kroasane na lim za pečenje obložen papirom za pečenje, namažite ih jajima i ostavite da se dižu 1 sat.
g) Zagrijte pećnicu na 400°F (200°C) i pecite kroasane 20-25 minuta dok ne porumene.

75. Kroasani s malinama

SASTOJCI:
- Osnovno tijesto za kroasane
- 1 šalica svježih malina
- ¼ šalice granuliranog šećera
- 1 jaje umućeno sa 1 žlicom vode

UPUTE:
a) Tijesto za kroasan razvaljajte u veliki pravokutnik.
b) Tijesto izrežite na trokute.
c) Na svaki kroasan stavite svježe maline.
d) Preko malina pospite kristalni šećer.
e) Svaki trokut zarolajte počevši od šireg kraja i oblikujte ga u polumjesec.
f) Stavite kroasane na obložen lim za pečenje i ostavite da se dižu 1 sat.
g) Zagrijte pećnicu na 400°F (200°C) i pecite kroasane 20-25 minuta dok ne porumene.

76. Kroasani od breskve

SASTOJCI:
- Osnovno tijesto za kroasane
- 2 zrele breskve oguljene i narezane na kockice
- ¼ šalice granuliranog šećera
- ½ žličice mljevenog cimeta
- 1 jaje umućeno sa 1 žlicom vode

UPUTE:
a) Tijesto za kroasan razvaljajte u veliki pravokutnik.
b) U maloj posudi pomiješajte breskve narezane na kockice, šećer i cimet.
c) Smjesu breskvi ravnomjerno rasporedite po površini tijesta.
d) Tijesto izrežite na trokute.
e) Svaki trokut zarolajte u oblik kroasana.
f) Položite kroasane na lim za pečenje obložen papirom za pečenje, namažite ih jajima i ostavite da se dižu 1 sat.
g) Zagrijte pećnicu na 400°F (200°C) i pecite kroasane 20-25 minuta dok ne porumene.

77.Kroasani od miješanog bobičastog voća

SASTOJCI:
- Osnovno tijesto za kroasane
- ½ šalice miješanog bobičastog voća (kao što su borovnice, maline i kupine)
- ¼ šalice granuliranog šećera
- 1 žlica kukuruznog škroba
- 1 jaje umućeno sa 1 žlicom vode

UPUTE:
a) Tijesto za kroasan razvaljajte u veliki pravokutnik.
b) U maloj posudi pomiješajte izmiješano bobičasto voće, šećer i kukuruzni škrob.
c) Smjesu bobičastog voća ravnomjerno rasporedite po površini tijesta.
d) Tijesto izrežite na trokute.
e) Svaki trokut zarolajte u oblik kroasana.
f) Položite kroasane na lim za pečenje obložen papirom za pečenje, namažite ih jajima i ostavite da se dižu 1 sat.
g) Zagrijte pećnicu na 400°F (200°C) i pecite kroasane 20-25 minuta dok ne porumene.

78. Kroasani od brusnice i naranče

SASTOJCI:

- 1 list lisnatog tijesta, odmrznut
- ¼ šalice umaka od brusnice
- ¼ šalice marmelade od naranče
- ¼ šalice nasjeckanih badema
- 1 jaje, tučeno
- Šećer u prahu, za posipanje

UPUTE:

a) Zagrijte pećnicu na 375°F (190°C).

b) Na lagano pobrašnjenoj površini razvaljajte lisnato tijesto u veliki pravokutnik. Tijesto izrežite na 4 jednaka trokuta.

c) U zdjeli za miješanje pomiješajte umak od brusnica, marmeladu od naranče i narezane bademe.

d) Na najširi dio svakog trokuta premažite žlicom smjese. Kroasane smotajte od najšireg kraja prema vrhu.

e) Kroasane stavite na pleh obložen papirom za pečenje i premažite razmućenim jajetom.

f) Pecite 15-20 minuta, dok kroasani ne porumene i postanu hrskavi.

g) Prije posluživanja pospite šećerom u prahu.

79.Kroasani od ananasa

SASTOJCI:
- 1 list lisnatog tijesta, odmrznut
- 1 limenka zgnječenog ananasa, ociječenog
- ¼ šalice smeđeg šećera
- ¼ šalice neslanog maslaca, otopljenog
- 1 jaje, tučeno
- Šećer u prahu, za posipanje

UPUTE:
a) Zagrijte pećnicu na 375°F (190°C).
b) Na lagano pobrašnjenoj površini razvaljajte lisnato tijesto u veliki pravokutnik. Tijesto izrežite na 4 jednaka trokuta.
c) U zdjeli za miješanje pomiješajte zdrobljeni ananas, smeđi šećer i otopljeni maslac.
d) Na najširi dio svakog trokuta rasporedite žlicu smjese od ananasa. Kroasane smotajte od najšireg kraja prema vrhu.
e) Kroasane stavite na pleh obložen papirom za pečenje i premažite razmućenim jajetom.
f) Pecite 15-20 minuta, dok kroasani ne porumene i postanu hrskavi.
g) Prije posluživanja pospite šećerom u prahu.

80. Kroasani od šljiva

SASTOJCI:
- 1 list lisnatog tijesta, odmrznut
- 4-5 šljiva tanko narezanih
- 2 žlice meda
- ¼ šalice bademovog brašna
- 1 jaje, tučeno
- Šećer u prahu, za posipanje

UPUTE:
a) Zagrijte pećnicu na 375°F (190°C).
b) Na lagano pobrašnjenoj površini razvaljajte lisnato tijesto u veliki pravokutnik. Tijesto izrežite na 4 jednaka trokuta.
c) U posudi za miješanje pomiješajte narezane šljive, med i bademovo brašno.
d) Na najširi dio svakog trokuta rasporedite žlicu smjese od šljiva. Kroasane smotajte od najšireg kraja prema vrhu.
e) Kroasane stavite na pleh obložen papirom za pečenje i premažite razmućenim jajetom.
f) Pecite 15-20 minuta, dok kroasani ne porumene i postanu hrskavi.
g) Prije posluživanja pospite šećerom u prahu.

81.Ekleri od banane kroasani

SASTOJCI:

- 4 smrznuta kroasana
- 2 kvadrata poluslatke čokolade
- 1 žlica maslaca
- ¼ šalice prosijanog slastičarskog šećera
- 1 žličica vruće vode; do 2
- 1 šalica pudinga od vanilije
- 2 srednje banane; narezan na kriške

UPUTE:

a) Smrznute kroasane prepolovite po dužini; otići zajedno. Zagrijte smrznute kroasane na nepodmazanom limu za pečenje na prethodno zagrijanoj 325°F. peći 9-11 minuta.

b) Zajedno otopite čokoladu i maslac. Umiješajte šećer i vodu da dobijete glazuru za mazanje.

c) Na donju polovicu svakog kroasana namažite ¼ šalice pudinga. Po vrhu stavite narezane banane.

d) Zamijenite vrhove kroasana; prelijte čokoladnom glazurom.

e) Poslužiti.

CUPCEKES & MUFFINI

82. Limun y Mješavina za kolače

SASTOJCI:
- 1 paket mješavine za kolače od bijele čokolade
- 1/4 šalice limun skutaa
- 3 žlice soka od limuna
- 3 žličice ribane korice limuna
- 3 žlice tinkture
- 1/2 šalice maslaca , omekšalog
- 3-1/2 šalice slastičarskog šećera
- 1/4 šalice džema od jagoda bez sjemenki
- 2 žlice 2% mlijeka

UPUTE:
- Obložite 24 kalupa za muffine papirnatim uloščima.
- Pripremite tijesto za kolače prema uputama na pakiranju, smanjite količinu vode za 4 žlice i dodajte limun skuta, limunov sok , limunovu koricu i tinkturu prije miješanja tijesta.
- Napunite pripremljene šalice otprilike do dvije trećine.
- Ispecite i ohladite kolačiće prema uputama na pakiranju.
- U velikoj zdjeli izmiksajte maslac , slastičarski šećer, džem i mlijeko dok smjesa ne postane glatka. Mrazom ohlađeni kolačići .

83. Čokoladni karamel kolačići

SASTOJCI:
- 1 paket smjese za čokoladnu tortu
- 3 žlice maslac
- 24 karamele
- 3/4 šalice poluslatkih komadića čokolade
- 1 šalica nasjeckanih oraha
- Dodatni orasi, po želji

UPUTE:
a) Pripremite smjesu za kolače prema uputama na pakiranju za kolače koristeći maslac.
b) Napunite 24 papirom obložene posude za muffine do jedne trećine; ostavite preostalo tijesto sa strane. Pecite na 350° 7-8 minuta ili dok se vrh cuptortaa ne stegne.
c) Nježno utisnite karamel u svaki kolačić; pospite komadićima čokolade i orasima. Prelijte preostalim tijestom.
d) Pecite još 15-20 minuta ili dok čačkalica ne izađe čista.
e) Ohladite 5 minuta prije vađenja iz posuda na rešetke da se potpuno ohlade.

84. Mud Pie Cuptortas

SASTOJCI:
- 1 mješavina za čokoladne kolače u kutiji od 18,25 unci plus sastojci koji se traže na kutiji
- 3 žlice maslaca
- 1 čokoladna glazura od 16 unci
- 2 šalice izmrvljenih čokoladnih sendvič kolačića
- Čokoladni sirup za ukrašavanje
- 1 paket gumenih crva od 8 unci

UPUTE:
a) Pripremite i ispecite kolačiće prema uputama za smjesu za kolače. Koristite maslac ili ulje.
b) Ostavite kolačiće da se potpuno ohlade prije stavljanja glazure.
c) Glazuru premažite mrvicama kolačića i pokapajte čokoladnim sirupom.
d) Prepolovite gumene crve. Svaki odrezani rub stavite u glazuru kako biste stvorili iluziju crva koji klizi u blatu.

85.Mješavina za kolače Bundeva Muffins

SASTOJCI:
- 1 konzerva pirea od bundeve od 29 unci
- 1 mješavina za čokoladne torte od 16,4 unce
- 3 žlice ulja

UPUTE:
a) Zagrijte pećnicu prema uputama za smjesu za kolače koristeći ulje.
b) Kalupe za muffine obložite papirnatim posudama za pečenje.
c) Pire od bundeve umiješajte u smjesu za kolače. Izliti u kalupe za muffine.
d) Pecite prema uputama za smjesu za muffine.

86.Mješavina za kolače Praline Cuptortas

SASTOJCI:
- za čokoladne torte od 18,25 unce
- 1 šalica mlijeka s maslacem
- ¼ šalice ulja
- 4 jaja
- Preljev za sladoled od karamele
- Sjeckani pecan orasi za ukras
- 72 praline

UPUTE:
a) Zagrijte pećnicu na 350°F. Kalup za muffine obložite papirnatim kalupima za pečenje.
b) Pomiješajte smjesu za kolače, maslac , ulje i jaja u velikoj zdjeli za miješanje i tucite električnom miješalicom na niskoj brzini dok ne postane glatko tijesto. Napunite posude za pečenje do pola.
c) Pecite 15 minuta ili dok vrhovi ne porumene. Izvadite kolačiće iz pećnice i ostavite da se potpuno ohlade prije dodavanja preljeva.
d) Vrh cuptortasa prelijte karamel preljevom; pospite pekan orahima i ukrasite s 3 praline po kolaču.

87.Piña Colada & Cuptortas

SASTOJCI:
- za tortu od bijele čokolade od 18,25 unce
- 1 kutija od 3,9 unci instant francuske mješavine pudinga od vanilije
- ¼ šalice ulja
- ½ šalice vode
- 2/3 šalice svijetlog ruma, podijeljeno
- 4 jaja
- 1 limenka od 14 unci plus 1 šalica zdrobljenog ananasa
- 1 šalica zaslađenog kokosa u listićima
- 1 glazura od vanilije od 16 unci
- 1 tučeni preljev od 12 unci bez mliječnih proizvoda
- Tostirani kokos za ukras
- Koktel suncobrani

UPUTE:
a) Zagrijte pećnicu na 350°F.
b) Pomiješajte smjesu za kolače, smjesu za puding, ulje, vodu i 1/3 šalice ruma električnom miješalicom na srednjoj brzini. Dodajte jaja jedno po jedno, polako muteći tijesto dok idete.
c) Složite konzervu ananasa i kokosa. Izlijte u kalupe i pecite 25 minuta.
d) Za pripremu glazure pomiješajte 1 šalicu zdrobljenog ananasa, preostalu 1/3 šalice ruma i glazura od vanilije dok se ne zgusne.
e) Dodajte tučeni preljev bez mlijeka.
f) Potpuno ohlađene kolačiće prelijte glazurom i ukrasite prženim kokosom i suncobranom.

88. Trešnja Cola mini kolači

SASTOJCI:
- 2 jaja
- 1 žličica vanilije
- za tortu od bijele čokolade od 18,25 unce
- ¼ šalice tinkture
- 1 ¼ šalice cole s okusom trešnje
- 1 gotova glazura od 12 unci po vašem izboru

UPUTE:
a) Zagrijte pećnicu na 350°F.
b) Kalup za muffine obložite papirnatim kalupima za pečenje. Lagano poprskajte sprejom za kuhanje.
c) Pomiješajte jaja, vaniliju, smjesu za kolače, tinkturu i trešnja colu u zdjelu za miješanje i dobro izmiješajte električnom miješalicom.
d) Pecite 20 minuta.
e) Potpuno ohlađeni kolačići

89. Crveni barovišunCuptortas

SASTOJCI:
- 2 bjelanjka
- 2 šalice mješavine za kolač od crvenog barovišuna
- 1 šalica mješavine za čokoladnu tortu
- ¼ šalice tinkture
- 1 vrećica komadića čokolade od 12 unci
- 1 limenka sode od limuna i limete od 12 unci
- 1 glazura od kiselog vrhnja spremna za mazanje od 12 unci

UPUTE:
a) Zagrijte pećnicu na 350°F. Kalup za muffine obložite papirnatim kalupima za pečenje.
b) Pomiješajte bjelanjke, obje smjese za kolače, tinkturu, komadiće čokolade i sodu u velikoj zdjeli za miješanje. Dobro izmiješajte dok se ne formira glatka smjesa. Ulijte tijesto u posude za pečenje.
c) Pecite 20 minuta.
d) Ostavite kolačiće da se ohlade prije glazure.

90.kolačići od pite od jabuka

SASTOJCI:
- mješavina za tortu od bijele čokolade od 18,25 unce
- ¼ šalice vode
- ¼ šalice kokosa ulje
- 1 jaje
- 2 žlice pripremljene mješavine začina za pitu od bundeve
- 1 nadjev za pitu od jabuka u limenci od 15 unci
- 1 glazura od krem sira od 12 unci

UPUTE:
a) Zagrijte pećnicu na 350°F. Kalup za muffine obložite papirnatim kalupima za pečenje.
b) Smjesu za kolače, vodu, Canna-kokosovo ulje, jaje i mješavinu začina miješajte električnom miješalicom dok ne dobijete glatku smjesu.
c) Ubacite nadjev za pitu. Napunite posude za pečenje do pola. Pecite 23 minute.
d) Ostavite kolačiće da se ohlade na rešetki prije glazure.

91. Moćan Miš kolačići

SASTOJCI:
- 1 mješavina za čokoladni kolač od kutije od 18,25 unci plus sastojci na kutiji
- 1/2 šalice ulja
- 24 mala okrugla čokoladna mint kolačića, prepolovljena
- 1 vrećica okrugle čokolade prekrivene bombonima od 12,6 unci
- Tanke žice crnog sladića
- 24 kuglice sladoleda od čokolade

UPUTE:
a) Zagrijte pećnicu na 375°F. Kalup za muffine obložite papirnatim kalupima za pečenje.
b) Pripremite tijesto i pecite prema uputama za smjesu za kolače koristeći ulje .
c) Izvadite kolačiće iz pećnice i ostavite da se potpuno ohlade.
d) Izvadite kolačiće iz papirnatih čaša.
e) Koristeći prepolovljene okrugle kolačiće za uši, bombone za oči i nos i sladić za brkove, ukrasite kolačiće tako da podsjećaju na miševe. Stavite na lim za kekse i zamrznite.

ŠETKE I KVADRATNICI

92. Šahovske šipke

SASTOJCI:
- čokoladnu tortu od 18,25 unci
- ½ šalice maslaca
- 4 jaja
- ½ šalice bijelog šećera
- 1 pakiranje krem sira od 8 unci, omekšali

UPUTE:
a) Zagrijte pećnicu na 350°F.
b) Namastite i pobrašnite tepsiju veličine 9" × 13". Staviti na stranu.
c) U velikoj zdjeli pomiješajte smjesu za kolače, maslac i 1 jaje dok ne dobijete smjesu poput prhkog tijesta. Utapkajte smjesu u dno posude.
d) U posebnoj zdjeli pomiješajte šećer, preostala jaja i omekšali krem sir. Složiti na vrh kore. Pecite 40 minuta ili dok malo ne porumene.
e) Ostavite da se ohladi u tavi prije nego što narežete na štanglice.

93.maline i čokolade

SASTOJCI:
- 1 mješavina za čokoladne torte od 18,25 unce
- 1/3 šalice evaporiranog mlijeka
- 1 ½ šalice otopljenog maslaca
- 1 šalica nasjeckanih oraha
- ½ šalice džema od malina bez sjemenki
- 12 unci čokoladnih komadića

UPUTE:
a) Zagrijte pećnicu na 350°F. Namastite i pobrašnite pleh veličine 9" × 13". Staviti na stranu.
b) Pomiješajte smjesu za kolače, evaporirano mlijeko, maslac i orašaste plodove da dobijete vrlo ljepljivo, gnjecavo tijesto. Ulijte pola tijesta na dno posude i pecite 10 minuta.
c) U međuvremenu otopite džem u mikrovalnoj.
d) Pečenu koru izvadite iz pećnice i prelijte otopljenim pekmezom i komadićima čokolade. Pokrijte preostalim tijestom za kolače i pecite 20 minuta.
e) Potpuno ohladiti prije rezanja.

94.Mješavina za kolače Trešnja Baroviovi

SASTOJCI:
- 1 mješavina za čokoladne torte od 18,25 unce
- 1 nadjev za pitu od višanja u limenci od 15 unci
- 1 žličica ekstrakta badema
- 1 žličica ekstrakta vanilije
- 2 jaja
- 1 šalica šećera
- 7 žlica maslaca
- 1/3 šalice punomasnog mlijeka
- 1 pakiranje poluslatkih komadića čokolade od 12 unci

UPUTE:
a) Zagrijte pećnicu na 350°F. Poprskajte tavu veličine 13" × 9" neljepljivim sprejem. Staviti na stranu.
b) Pomiješajte smjesu za kolače, nadjev za pite, ekstrakte i jaja u velikoj zdjeli i tucite električnom miješalicom dok se dobro ne sjedine.
c) Ulijte tijesto u posudu i pecite na 350°F 25 minuta ili dok se ne stegne do kraja. Izvadite iz pećnice.
d) Pomiješajte šećer, maslac i mlijeko u velikom loncu. Pustite da prokuha. Maknite posudu s vatre i dodajte komadiće čokolade, miješajući dok se tope.
e) Topli kolač prelijte čokoladnom smjesom i rasporedite po poklopcu. Ostavite da se ohladi i stvrdne prije rezanja na štanglice.

95. Čokoladni slojeviti kolač

SASTOJCI:
- 1 mješavina za čokoladne kolače u kutiji od 18,25 unci plus sastojci koji se traže na kutiji
- 1 preljev za sladoled od karamele u staklenci od 6 unci
- 7 unci ulja
- 1 tučeni preljev od 8 unci bez mliječnih proizvoda, odmrznut
- 8 bombona, nasjeckanih ili izlomljenih na komadiće

UPUTE:
a) Pripremite i ispecite kolač prema uputama za tortu veličine 9" × 13". Koristite zavojnicu.
b) Izvadite kolač iz pećnice i ostavite da se hladi 10 minuta prije nego što probušite rupe na vrhu kolača vilicom s dugim zupcima ili ražnjićem.
c) Prelijte kolač karamelom, a zatim kondenziranim mlijekom, ispunjavajući sve rupe. Kolač ostaviti da odstoji dok se potpuno ne ohladi.
d) Premažite umućenim preljevom i pospite komadićima bombona. Ohladiti

96. Potluck baroviovi

SASTOJCI:
- za tortu od bijele čokolade od 18,25 unce
- 2 velika jaja
- 1/3 šalice ulja
- 1 limenka zaslađenog kondenziranog mlijeka
- 1 šalica poluslatkih komadića čokolade
- Orasi, kikiriki ili kokos po ukusu
- ¼ šalice maslaca

UPUTE:
a) Zagrijte pećnicu na 350°F. namažite maslacem posudu za pečenje 13" × 9" × 2". Ostavite sa strane.
b) Pomiješajte smjesu za kolače, jaja i ulje u zdjeli i tucite dok se ne ujednači. Utisnite 2/3 tijesta na dno posude.
c) Pomiješajte kondenzirano mlijeko, komadiće čokolade i maslac u zdjeli prikladnoj za mikrovalnu pećnicu. Pecite u mikrovalnoj pećnici 1 minutu na visokoj snazi. Izvadite i miješajte vilicom dok ne postane glatko.
d) Prelijte čokoladnu smjesu preko kore. Složite orahe ili kokos na sloj čokolade. Premažite preostalim tijestom za kolače.
e) Pecite 20 minuta ili dok lagano ne porumene. Ostavite da se ohladi u posudi za pečenje. Izrežite na kvadrate.

97.Prst od maslacaCookie Baroviovi

SASTOJCI:

- 1 paket mješavine za kolače od tamne čokolade
- 1 paket (3,9 unci) smjese za instant čokoladni puding
- 1/2 šalice 2% mlijeka
- 1/3 šalice Canola ulje
- 1/3 šalice maslaca, otopljenog
- 2 velika jaja, podijeljena upotreba
- 6 čokoladica s maslacem (1,9 unce svaka), podijeljeno
- 1-1/2 šalice maslaca od kikirikija
- 1 žličica ekstrakta vanilije
- 1-1/2 šalice poluslatkih komadića čokolade, podijeljeno

UPUTE:

a) Zagrijte pećnicu na 350°.
b) U velikoj zdjeli pomiješajte smjesu za kolače i smjesu za puding.
c) U drugoj posudi umutite mlijeko, ulje, maslac i 1 jaje dok se ne sjedine. Dodati suhim sastojcima; miješajte dok se ne navlaži.
d) Utisnite polovicu smjese u podmazan kalup veličine 15x10x1 in. tava za pečenje. Pecite dok vrh ne postane suh, 6-8 minuta.
e) U međuvremenu nasjeckajte 2 bombona. U preostalu smjesu za kolače umiješajte maslac od kikirikija, vaniliju i preostala jaja. Ubacite nasjeckane štanglice i 1 šalicu komadića čokolade.
f) Nasjeckajte 3 dodatne bombone; pospite preko tople kore i lagano pritisnite. Pokrijte smjesom za kolače; čvrsto pritisnite metalnom lopaticom.
g) Zdrobite preostali slatkiš; po vrhu pospite zdrobljenu pločicu i preostalu 1/2 šalice komadića čokolade.
h) Pecite dok čačkalica zabodena u sredinu ne izađe čista, 20-25 minuta.
i) Potpuno ohladite na rešetki. Narežite na štanglice. Čuvati u hermetički zatvorenoj posudi.

98. Kutija za tortu Baroviovi

SASTOJCI:
- 2 pakiranja čokoladne smjese za instant puding od 3,9 unce
- 4 šalice ulja
- 2 paketa od 18,25 unci mješavine za čokoladne kolače bez pudinga
- 4 šalice komadića čokolade
- Slastičarski šećer za ukrašavanje

UPUTE:
a) Zagrijte pećnicu na 350°F.
b) Namastite i pobrašnite dvije posude za pečenje želea veličine 10" × 15". Staviti na stranu.
c) U velikoj zdjeli pomiješajte obje kutije smjese za puding i mlijeko.
d) Polako preklopite obje kutije smjese za kolače. Ubacite komadiće čokolade. Pecite 35 minuta. Pospite slastičarskim šećerom.
e) Ostavite da se potpuno ohladi prije rezanja na kvadrate.
f)

99. Natopljeni maslac od kikirikija Trgovi

SASTOJCI:
- ½ šalice maslaca, omekšalog
- ¾ šalice maslaca od kikirikija
- čokoladne mješavine za kolače od 18,25 unce
- 4 tuceta čokoladnih poljubaca, odmotanih
- Šećer u prahu

UPUTE:

a) U velikoj zdjeli pomiješajte maslac i maslac od kikirikija i dobro promiješajte. Dodajte smjesu za kolače; miješati dok se ne formira tijesto. Pokrijte i ohladite 4-6 sati.

b) Kada ste spremni za pečenje, zagrijte pećnicu na 400°F.

c) Žlicama razvaljajte tijesto oko čokoladnog poljupca; oblikujte kuglu i stavite na pleh obložen papirom za pečenje.

d) Pecite kolačiće 8-12 minuta ili dok se ne stisnu.

e) Pustite da se ohladi na limu 3 minute, zatim ubacite u šećer u prahu i zarolajte za premazivanje.

f) Pustite da se potpuno ohladi na rešetkama, a zatim ga ponovo pospite šećerom u prahu kada se ohladi.

100. Karamel orah pločice

SASTOJCI:
- 1 kutija mješavine za čokoladnu tortu
- 3 žlice maslac omekšao
- 1 jaje
- 14 unci zaslađenog kondenziranog mlijeka
- 1 jaje
- 1 žličica čistog ekstrakta vanilije
- 1/2 šalice sitno mljevenih oraha
- 1/2 šalice sitno mljevenih komadića karamele

UPUTE:
a) Zagrijte pećnicu na 350.
b) Pripremite pravokutni kalup za tortu sa sprejom za kuhanje i zatim ostavite sa strane.
c) Pomiješajte smjesu za kolače, maslac i jedno jaje u zdjeli za miješanje pa miješajte dok ne postane mrvica.
d) Pritisnite smjesu na dno pripremljene posude i ostavite sa strane.
e) U drugoj posudi za miješanje pomiješajte mlijeko, preostala jaja, ekstrakt, orahe i komadiće karamele.
f) Dobro izmiješajte i prelijte preko podloge u plehu.
g) Pecite 35 minuta.

ZAKLJUČAK

Dok se opraštamo od " Mojom malom kuharicom kalupa za torte ", nadamo se da ste otkrili radost i zadovoljstvo koje pečenje donosi u vaš život. Od prvog daška vanilije koji dopire iz pećnice do trenutka kada okusite posljednju mrvicu svoje svježe pečene kreacije, pečenje je rad pun ljubavi koji hrani i tijelo i dušu. Dok nastavljate svoje avanture pečenja, ne zaboravite prigrliti čari eksperimentiranja, uživati u slasti uspjeha i pronaći utjehu u toplini kuhinje.

Dok miris svježe pečenih poslastica blijedi i kada se okusi posljednja kriška, znajte da će sjećanja stvorena u kuhinji ostati, njegovana i dragocjena. Podijelite svoju ljubav prema pečenju s onima oko sebe, proslavite životne trenutke uz krišku torte ili zalogaj kolača i dopustite da vam jednostavno zadovoljstvo domaćih poslastica uljepša dane. A kada budete spremni krenuti na svoje sljedeće putovanje pečenjem, "Moja mala kuharica u obliku kalupa" bit će ovdje, spremna da vas ponovno nadahne i oduševi.

Hvala vam što ste nam dopustili da budemo dio vaših pekarskih avantura. Neka vaša kuhinja bude ispunjena smijehom, pećnica toplinom, a srce užitkom pečenja. Do ponovnog susreta, sretno pečenje i bon appétit!

www.ingramcontent.com/pod-product-compliance
Lightning Source LLC
Chambersburg PA
CBHW070656120526
44590CB00013BA/986